U0112666

近现代中国八大教育家名篇精选

杨斌 编

海峡出版发行集团 | 福建教育出版社

图书在版编目（CIP）数据

近现代中国八大教育家名篇精选/杨斌编． —福州：
福建教育出版社，2024.3
ISBN 978-7-5334-9909-9

Ⅰ.①近… Ⅱ.①杨… Ⅲ.①教育家—教育思想—中
国—文集 Ⅳ.①G40-092

中国国家版本馆 CIP 数据核字（2024）第 041549 号

Jinxiandai Zhongguo Bada Jiaoyujia Mingpian Jingxuan
近现代中国八大教育家名篇精选
杨斌　编

出版发行	福建教育出版社
	（福州市梦山路 27 号　邮编：350025　网址：www.fep.com.cn
	编辑部电话：0591-83726908
	发行部电话：0591-83721876　87115073　010-62024258）
出 版 人	江金辉
印　　刷	福建新华联合印务集团有限公司
	（福州市晋安区福兴大道 42 号　邮编：350014）
开　　本	710 毫米×1000 毫米　1/16
印　　张	15.25
字　　数	234 千字
插　　页	2
版　　次	2024 年 3 月第 1 版　2024 年 3 月第 1 次印刷
书　　号	ISBN 978-7-5334-9909-9
定　　价	45.00 元

如发现本书印装质量问题，请向本社出版科（电话：0591-83726019）调换。

目　录

晏阳初　平民教育思想

陶行知　生活教育思想

陈鹤琴　活教育思想

导言

路径、方向和里程碑

（一）

近年来，著名的"钱学森之问"时常焦灼地拷问着中国教育，也拷问着所有真正具有教育情怀的人，那就是："为什么我们的学校总是培养不出杰出人才？"其实，谁都知道，这个疑问隐含着的问题便是：我们的学校，到底出了什么问题？我们的教育究竟病在哪里？于是，破解曰：让教育家办学！让真正明白教育规律的教育家办学！应该说，这个结论还是经得住逻辑辩驳和历史检验的。但是，人们似乎还应该也必须顺势追问：我们为什么没有让教育家办学？或者说，我们为什么没有教育家？

也许，这样的追问显得执拗而迂腐，但学理的探求却无法模棱两可、含糊其辞。如果说前一问，还可以避重就轻的在教育内部寻因觅果，那么，后一问却必须在更复杂的系统和更宏大的背景下究底刨根。显然，这一问题太过艰深和繁杂，破解的历史条件尚未完全成熟，只能望而却步。但是，似乎可以换一个思路：譬如，我们可曾有过人才辈出的学校？可曾有过教育家蜂起的年代？如果有，他们会给今天的教育留下怎样的启示和教益？

回望过去，你会发现我们确曾有过那么一个历史时期，大师辈出，精英群起。即便是战乱频仍，学校，依然弦歌一堂，诗意而温暖；教育，仍然高贵而尊严，桃李栋梁。为什么？拂去岁月的烟尘，原来奇迹的背后，有一个灿若星斗的教育家群体。他们，正是近现代中国教育脊梁和灵魂式的人物。披读他们风格各异却一样厚重沉实的文字，常常觉得，这不是回响在一个世纪以前的声音，其思想的灼灼光芒穿越时空直逼今天的教育现实。是的，岁月易老，而思想之树常青；百年暌隔，归来时我们不觉有一点生分，却似故人相见，亲切而温馨！

（二）

为什么时隔百年的文字如此历久弥新，为什么越过世纪的声音依然振聋发聩？答案就是，我们共处中国现代化转型这一漫长的历史时期，面临着由封建教育向现代教育转型的共同历史语境。不能说百年来教育没有进步，教育事业的翻天覆地有目共睹：教育普及前所未有，教育规模盛况空前，教育硬件日新月异……但是，教育的品质、理想、修为却越来越让人们忧心忡忡；形形色色的教育改革如过江之鲫，结果却似乎总是离真教育越来越远。于是，逻辑的结论便是：返璞归真，回到原点，弄清楚我们从哪里来，要到哪里去。

追溯中国现代教育的起点，我们大概无法回避 20 世纪初叶的教育历史。而恰恰是现代教育的那一肇始时期，社会革故鼎新，教育生机勃勃，一批怀着教育救国理想的志士仁人，用他们艰苦卓绝的实践和思考，谱写了现代教育史上辉煌的篇章。既然同处传统向现代转型的历史时空，既然今天的教育是昨天的绵延和继续，既然他们曾经遇到的问题依然是我们的痛楚和困惑……那么，回眸，就不仅仅是诗意浪漫的怀旧，寻找思想资源汲取前行力量才是必然选择。在《重新"发现"叶圣陶》一文中，我曾说过如下一段话：

对于 20 世纪中国社会现代化转型过程中出现的那一代教育名家，如蔡元培、黄炎培、晏阳初、陈鹤琴、陶行知、叶圣陶等人的教育思想，应该给予特别重视和高度关注，原因在于，在他们身上既集中体现了中国传统教育思想精粹，同时又具有鲜明的现代意识和现代精神，或者毋宁说，他们教育思想的形成过程，就是中国社会转型和教育现代化历史进程的个性化缩影。蔡元培的美育思想、黄炎培的职业教育思想、晏阳初的平民教育思想、陈鹤琴的幼儿教育思想、陶行知的生活教育思想、叶圣陶的为人生教育思想，无一不是西方现代教育思想和中国传统教育智慧相结合植根于中国教育土壤中的产物，他们相互映衬，相映生辉，共同谱写出现代化交响曲中属于教育的辉煌乐章。这是一笔丰厚的思想遗产和理论财富。

其实，近现代中国教育家远不止这些，还可以开出一个长长的名单，有的在理论上卓有建树，更多的是在实践中作出不凡业绩。今天的教育工作者，应该认真汲取他们的教育思想、智慧和实践经验，在新的历史条件下传承、发展和创新，为教育真正走向现代（这里不用"现代化"概念，是为了避免误解和曲解，以为有了现代化装备就是教育现代化。教育现代化的标志是教育现代性而不是装备现代化，限于题旨本文不作展开）提供丰盈而充足的思想资源。首要的是学习和继承。长期以来，我们对这一思想资源有过轻慢、偏见或者误读，有意无意地为他们贴上这样那样的标签而忽视他们的巨大价值。其实，近现代中国教育家虽然主张不同风采各异，却具有许多共同的思想和精神特质。譬如，都理想高蹈志向高远而怀有强烈的社会责任感，自觉地把培养现代公民作为教育宗旨；都拥有深厚旧学渊源和广阔西学背景，和封建教育勇敢决裂而又辩证吸收传统教育精髓，大胆借鉴西方现代教育精神而又为我所用立足中国土地；都着眼于人的素质全面发展和进步，高度关注体育、美育和社会实践，而不是只把目光落在文化成绩上；都不仅抱持教育情怀坚守教育立场以教育回报社会，而且脚踏实地知行合一如农夫一样辛勤劳作在教育一线……也许，正是这些特质，构成了教育家的思想品格和精神底色，从而使他们在烽火连天的乱世，作出了名垂史册让后人仰慕不已的业绩。如果把教育转型比作一程漫长的征途，那么，是否可以说，他们就是这征途上最初的丰碑，标示着路径，指引着方向，也呈现他们教育思想和智慧曾经达到的深度和高程！筚路蓝缕，以启山林，循着他们探求的足迹，继续寻找我们今天教育改革和转型之路。

（三）

近现代中国教育家灿若群星。评定其贡献，排列其位次不是本书宗旨，也绝非编者学养识见之所能及；但本书遴选过程中确也曾反复斟酌仔细权衡，最后确定蔡元培、胡适、张伯苓、经亨颐、晏阳初、陶行知、陈鹤琴、叶圣陶八位名家入选。其权衡之标准、选择之依据，以及选编过程中的种种考量，也应借此机会向读者朋友作必要的交代。

一是普适性。本书以中小学及幼儿教育工作者为主要阅读对象，因此无论是确定人选，还是遴选篇目，都充分考虑了普遍性、适切性这一因素。除蔡元培、胡适外，其余六人均为中小学或幼儿教育之名家，或以办学业绩闻名海内，或因理论建树卓然成家，謦欬在耳，如沐春风，可谓极一时之选。蔡元培、胡适尊为大学校长、教育总长，但他们倡导的思想主张如泰山北斗，意义绝非限于高等教育，对于基础教育一样具有极其重要的指导价值。譬如美育，可以说目前中小学极其匮乏，亟须加强。而加强美育，对于滋养心灵、健全人格、激发创造精神和创新意识，则意义重大，影响深远。民主教育也可作如是观。传统养生医学讲究缺什么补什么，为当下中国的基础教育补充思想"钙质"，这是本书编选的重要考虑之一。

二是经典性。经典离不开创造，创造的却并非都是经典。经典须是时代精神的杰出代表。20世纪初叶的中国社会风云激荡，波澜壮阔。本书入选的教育家，无一例外地都积极投身时代洪流，以深厚教育情怀、广阔文化视野，躬身从事教育实践，深思慎取，博采众长，总结、提炼和积淀出各具魅力的教育思想。经典的魅力来自岁月的积淀，经典的生命源于品质的卓越。百年风云已经渐行渐远，可是，岁月淘洗出来的那些思想和智慧，却醇香依旧，活在现代教育的史册，更活在几代教育人的心中。譬如南开（张伯苓）、春晖（经亨颐）这些令人肃然起敬的名字，譬如"怀揣一颗心来，不带半根草去"（陶行知）、"教育就是培养良好习惯"（叶圣陶）这些耳熟能详的名言……当然，他们的价值远不止于被人们记住，得时代风气之先的现代性精神底蕴才是其生命力和魅力之源。

三是实践性。八位教育家中，大都具有较长时间海外留学的经历，西方现代教育的熏陶浸润，开拓了他们的视野和胸襟，但欧风美雨并没有让他们食洋不化。他们的共同特点是：植根于中国教育的土壤，借鉴西方现代教育和传统教育精华，立足实践，面向现实，大胆创新，着眼于切实解决中国教育实际问题。他们的教育思想具有鲜明的中国特色和中国气派，包孕着现代教育转型的丰富信息、图景和启示，是行动性、实践性很强的一笔宝贵财富。譬如晏阳初，和他的"平教会"同仁一起，挈妇将雏，从繁华都市迁居乡村，全力实践他的平民教育理论；譬如陈鹤琴，为了研究儿童心理，亲自创办中国第一所实验幼稚园，作为其理论研究的实验基地……可以说，源于丰富实践经验基础上的理论概括和创新，是本书八位教育家的共有品格和追求。

　　前贤风范，师表长存，其思想之灼灼光芒穿越时空直通今天的教育现实。时代呼唤教育家！如果本书能为未来教育家的成长增加若干思想资源，那将是一件倍感荣幸和欣慰的事。

　　由于编者水平有限，缺点舛误在所难免，恳请读者诸君批评指正。

杨　斌

2013 年 4 月

蔡元培

美育思想

蔡元培（1869—1940），字鹤卿，号子民，浙江绍兴人。我国近现代著名思想家、教育家。

27 岁时应散馆考试，授职翰林院编修。戊戌变法失败后弃官离职，南下从事教育救国实践，曾任浙江绍兴中西学堂监督（校长）等职，1902 年参与创立中国教育会，被选为会长，倡导和实践新式教育，并积极投身革命活动。1907—1911 年留学德国，开始研究西方美学，写作美学论文，把西方近代美学思想介绍到中国。辛亥革命后，蔡元培曾任南京临时政府第一任教育总长，后来长期担任北京大学校长。

蔡元培是我国近代美育的真正首倡者和奠基人。国民政府教育总长上任伊始，即立刻着手教育改革。首先是制定教育方针。1912 年 2 月，他在《对于教育方针之意见》一文中，即把美育主义作为国民教育五项方针之一，美育由此迅速走向中国教育，产生广泛而深刻的社会反响。1917 年，蔡元培在北京大学校长任上提出"以美育代宗教"的著名口号，阐述美育对于社会和人生的重要意义。

在美育问题上，蔡元培给我们留下了丰富的思想遗产。

蔡元培主张美育于人生有重大意义。他认为，美育可以提高人的道德情操，培养人的献身精神，以便为救国为革命为建设出力。正是从这种积极的审美观点出发，他认为"美育为近代教育之骨干"。在实施美育过程中，他始终把提倡美育和反对封建专制、批判宗教迷信、反对帝国主义侵略紧密联系在一起。这在当时的历史条件下，其进步意义是不言而喻的。

蔡元培认为美育能激发创造精神。"学校教育注重学生健全的人格，故处处要使学生自动。通常学校的教习，每说我要学生圆就圆，要学生方就方，这便大误。"蔡元培这一思想，深刻把握了美育的精神实质。如果美育仅仅就是为了陶冶情操，那么，美育就难免会被人们误认为是教育的奢侈品；而如果美育能培养创造精神，能激发创造的欲望，并且能促进智力的发展，其意义则非同小可。正因为美育具有如此重大意义，蔡元培高瞻远瞩地发出"文化运动不要忘了美育"的号召，身体力行倡导美育，并且获得了当时教育界和社会的广泛响应和拥护。

蔡元培美育思想中还蕴含着学科美育的宝贵思想。蔡元培认为学校的美育不限于音乐、美术，甚至也不限于文学。他指出："凡是学校所有的课程，都没有与美育无关的。"蔡元培的学科美育观，不仅拓宽了美育的实践领域，大大拓展了学校美育的范围，而且为学科发展指出了一条方向。而这一点，具有重要的开创意义。沿着蔡元培学科美育思想的理路继续研究，让学科教学走向教育之美，极有可能开创出前景远大的崭新教学境界。

蔡元培居高声远，力主把美育列入国家教育方针。这是蔡元培对中国教育的一个卓越贡献。虽然，由于当时历史条件的限制，作为教育方针的美育不可能得到有力的贯彻和实施，但是，正是借助于此，美育在教育界、学术界才产生了广泛而深远的影响。而在此之前，中国社会和教育界对美育的重要性还非常陌生。在这方面，蔡元培以其国民政府教育总长的位置和在学术界的影响，起了决定性的作用。这对现代教育加深对美育的认识和理解，产生了巨大而深远的历史影响。

1．美育与人生

人人都有感情，而并非都有伟大而高尚的行为，这由于感情推动力的薄弱。要转弱而为强，转薄而为厚，有待于陶养。陶养的工具，为美的对象；陶养的作用，叫作美育。

人的一生，不外乎意志的活动。而意志是盲目的：其所恃以为较近之观照者，是知识，所以供远照、旁照之用者，是感情。

意志之表现为行为。行为之中，以一己的卫生而免死、趋利而避害者为最普通；此种行为，仅仅普通的知识就可以指导了。进一步的，以众人的生与利为目的，而一己的生与利即托于其中；此种行为，一方面由于知识就可以指导了。进一步的，以众人皆死而一己不能独生，众人皆害而一己不能独利；又一方面则亦受感情的推动，不忍独生以坐视众人的死，不忍专利以坐视众生的害；更进一步，于必要时愿舍一己的生以救众人的死，愿舍一己的利以去众人的害，把人我的分别，一己生死利害关系，统统忘掉了，这种伟大而高尚的行为，是完全发动于感情的。

人人都有感情，而并非都有伟大而高尚的行为，这由于感情推动力的薄弱。要转弱而为强，转薄而为厚，有待于陶养。陶养的工具，为美的对象；陶养的作用，叫作美育。

美的对象，何以能陶养感情？因为他有两种特性：一是普遍；二是超脱。

一瓢之水，一人饮之，他人就没得分润；容足之地，一人占了，他人就没得并立；这种物质上不相入的成例，是助长人我的区别、自私自利的计较的。转而观美的对象，就大不相同。凡味觉、嗅觉、肤觉之含有质的关系者，均不以美论；而美感的发动，乃以摄影及音波辗转传达之视觉为限，所以纯然有"天下为公"之概。名山大川，人人得而游览；夕阳明月，人人得而赏玩；公园的造象，美术馆的图画，人人得而畅观。齐宣王称"独乐乐，不若与人乐乐"，"与少乐乐，不若与众乐乐"；陶渊明称"奇文共欣赏"，这都是美的普遍性的证明。

植物的花，不过为果实的准备；而梅、杏、桃、李之属，诗人所咏叹的，以花为多。专供赏玩之花，且有因人择的作用，而不能结果的。动物的羽毛，所以御寒，人因有制裘，织呢的习惯，然白鹭之羽，孔雀之尾，乃专以供装饰。宫室，可以避风雨就好了，何以要雕刻与彩画？器具，可以应用就好了，何以要图画？语言，可以达意就好了，何以要特别音调的诗歌？可以证明美的作用，是越超乎利用的范围的。

既有普遍性以打破人我之见，又有超脱性以透出利害的关系；所以当着重要关头，有"富贵不能淫、贫贱不能移、威死不能屈"的气概；甚至有"杀身以成仁"而不"求生以害仁"的勇敢；这是完全不由于知识的计较，而由于感情的陶养，就是不源于智育，而源于美育。

所以，吾人固不可不有一种普遍职业，以应利用厚生的需要，而于工作的余暇，又不可不读文学，听音乐，参加美术馆，以谋知识与感情的调和。这样，才算是认识了人生的价值了。

据蔡元培手稿

2．对于教育方针之意见（节选）

譬之人身，军国民主义者，筋骨也，用以自卫；实利主义者，胃肠也，用以营养；公民道德者，呼吸机循环机也，周贯全体；美育者，神经系也，所以传导；世界观者，心理作用也，附丽于神经系而无迹象之可求。此即五者不可偏废之理也。

五者，皆今日之教育所不可偏废者也。军国民主义、实利主义、德育主义三者，为隶属于政治之教育。（吾国古代之道德教育，则间有兼涉世界观者，当分别论之。）世界观、美育主义二者，为超轶政治之教育。

以中国古代之教育证之，虞之时，夔典乐而教胄子以九德，德育与美育之教育也。周官以卿三物教万民，六德六行，德育也。六艺之射御，军国民主义也。书、数，实利主义也。礼为德育，而乐为美育。以西洋之教育证之，希腊人之教育，为体操与美术，即军国民主义与美育也。欧洲近世教育家，如海尔巴脱氏，纯持美育主义。今日美洲之杜威派，则纯持实利主义者也。

以心理学各方面衡之，军国民主义毗于意志；实利主义毗于知识；德育兼意志情感二方面；美育毗于情感；而世界观则统三者而一之。

以教育界之分言三育者衡之，军国民主义为体育；实利主义为智育；公民道德及美育毗于德育；而世界观则统三者而一之。

以教育家之方法衡之，军国民主义、世界观、美育，皆为形式主义；实利主义为实质主义；德育则二者兼之。

譬之人身，军国民主义者，筋骨也，用以自卫；实利主义者，胃肠也，用以营养；公民道德者，呼吸机循环机也，周贯全体；美育者，神经系也，所以传导；世界观者，心理作用也，附丽于神经系而无迹象之可求。此即五者不可偏废之理也。

本此五主义而分配于各教科，则视各教科性质之不同，而各主义所占之分数，亦随之而异。国语国文之形式，其依准文法者属于实利，而依准美词学者属于美感。其内容则军国民主义当占百分之十，实利主义当占其四十，德育当占其二十，美育当占其二十五，而世界观则占其五。

修身，德育也，而以美育及世界观参之。

历史、地理，实利主义也。其所叙述，得并存各主义。历史之英雄，地理之险要及战绩，军国民主义也。记美术家及美术沿革，写各地风景及所出美术品，美育也。记圣贤，述风俗，德育也。因历史之有时期，而推之于无终始，因地理之有涯涘，而推之于无方体，及夫烈士、哲人、宗教家之故事及遗迹，皆可以为世界观之导线也。

算学，实利主义也，而数为纯然抽象者。希腊哲人毕达哥拉士以数为万物之原，是亦世界观之一方面。而几何学各种线体，可以资美育。

物理、化学，实利主义也。原子电子，小莫能破，爱耐而几（Energy）[①]，范围万有，而莫知其所由来，莫穷其所究竟，皆世界观之导线也。视官听官之所触，可以资美感者尤多。

博物学，在应用一方面，为实利主义。而在观感一方面，多为美感。研究进化之阶段，可以养道德，体验造物之万能，可以导世界观。

图画，美育也，而其内容得包含各种主义：如实物画之于实利主义，历史画之于德育是也。其至美丽至尊严之对象，则可以得世界观。

唱歌，美育也，而其内容，亦可以包含种种主义。

手工，实利主义也，亦可以兴美感。

游戏，美育也；兵式体操，军国民主义也；普通体操，则兼美育与军国民主义二者。

上之所著，仅具辜较，神而明之，在心知其意者。

满清时代，有所谓钦定教育宗旨者，曰忠君，曰尊孔，曰尚公，曰尚武，曰尚实。忠君与共和政体不合，尊孔与信教自由相违（孔子之学术，与后世

---

① Energy：能，能量。

所谓儒教孔教当分别论之。嗣后教育界何以处孔子，及何以处孔教，当特别讨论之，兹不赘），可以不论。尚武，即军国民主义也。尚实，即实利主义也。尚公，与吾所谓公民道德，其范围或不免有广狭之异，而要为同意。惟世界观及美育，则为彼所不道，而鄙人尤所注重。故特疏通而证明之，以质于当代教育家，幸教育家平心而讨论焉。

原载《东方杂志》第 8 卷第 10 号，1912 年 4 月

3. 以美育代宗教说

（一九一七年在北京神州学会讲演词）

纯粹之美育，所以陶养吾人之感情，使有高尚纯洁之习惯，而使人我之见，利己损人之思念，以渐消沮者也。

兄弟于学问界未曾为系统的研究，在学会中本无可以表示之意见。惟既承学会诸君子责以讲演，则以无可如何中，择一于我国有研究价值之问题，为到会诸君一言，即以美育代宗教之说是也。

夫宗教之为物，在彼欧西各国已为过去问题。盖宗教之内容，现皆经学者以科学的研究解决之矣。吾人游历欧洲，虽见教堂棋布，一般人民亦多入堂礼拜，此则一种历史上之习惯。譬如前清时代之袍褂，在民国本不适用，然因其存积甚多，毁之可惜，则定为乙种礼服而沿用之，未尝不可。又如祝寿会葬之仪，在学理上了无价值，然戚友中既以请帖讣闻相招，势不能不循例参加，藉通情愫。欧人之沿习宗教仪式，亦犹是耳。所可怪者，我中国既无欧人此种特别之习惯，乃以彼邦过去之事实作为新知。竟有多人提出讨论。此则由于留学外国之学生，见彼国社会之进化，而误听教士之言，一切归功于宗教，遂欲以基督教劝导国人。而一部分之沿习旧思想者，则承前说而稍变之，以孔子为我国之基督，遂欲组织孔教，奔走呼号，视为今日重要问题。

自兄弟观之，宗教之原始，不外因吾人精神之作用而构成。吾人精神上之作用，普通分为三种：一曰智识；二曰意志；三曰感情。最早之宗教，常兼此三作用而有之。盖以吾人当未开化时代，脑力简单，视吾人一身与世界万物，均为一种不可思议之事。生自何来？死将何往？创造之者何人？管理之者何术？凡此种种，皆当时之人所提出之问题，以求解答者也。于是有宗教家勉强解答之。如基督教推本于上帝，印度旧教则归之梵天，我国神话则归之盘古。其他各种现象，亦皆以神道为惟一之理由。此知识作用之附丽于宗教者也。且吾人生而有生存之欲望，由此欲望而发生一种利己之心。其初以为非损人不能利己，故恃强凌弱、掠夺攫取之事，所在多有。其后经验稍多，知利人之不可少，于是有宗教家提倡利他主义。此意志作用之附丽于宗教者也。又如跳舞唱歌，虽野蛮人亦皆乐此不疲；而对于居室雕刻图画等事，虽石器时代之遗迹，皆足以考见其爱美之思想。此皆人情之常，而宗教家利用之以为诱人信仰之方法。于是未开化人之美术，无一不与宗教相关联。此又情感作用之附丽于宗教者也。天演之例，由浑而画，当时精神作用至为浑沌，遂结合而为宗教。又并无他种学术与之对，故宗教在社会上遂具有特别之势力焉。迨后社会文化日渐进步，科学发达，学者遂举古人所谓不可思议者，皆一一解释之以科学。日星之现象，地球之缘起，动植物之分布，人种之差别，皆得以理化博物人种古物诸科学证明之。而宗教家所谓吾人为上帝所创造者，从生物进化论观之，吾人最初之始祖，实为一种极小之动物，后始日渐进化为人耳。此知识作用离宗教而独立之证也。宗教家对于人群之规则，以为神之所定，可以永远不变。然希腊诡辩家，因巡游各地之故，知各民族之所谓道德，往往互相抵触，已怀疑于一成不变之原则。近世学者据生理学心理学社会学之公例，以应用于伦理，则知具体之道德，不能不随时随地而变迁。而道德之原理，则可由种种不同之具体者而归纳以得之；而宗教家之演绎法，全不适用。此意志作用离宗教而独立之证也。

知识意志两作用，既皆脱离宗教以外，于是宗教所最有密切关系者，惟有情感作用，即所谓美感。凡宗教之建筑，多择山水最胜之处，吾国人所谓天下名山僧占多，即其例也。其间恒有古木名花，传播于诗人之笔，是皆利用自然之美以感人者。其建筑也，恒有峻秀之塔，崇闳幽邃之殿堂，饰以精致之造象，瑰丽之壁画，构成黯淡之光线，佐以微妙之音乐。赞美者必有著名之歌词，演说者必有雄辩之素养，凡此种种，皆为美术作用，故能引人入胜。苟举以上种种设施而屏弃之，恐无能为役矣。然而美术之进化史，实亦有脱离宗教之趋势。例如吾国南北朝著名之建筑，则伽蓝耳；其雕刻，则造象耳；图画，则佛像及地狱变相之属为多；文学之一部分，亦与佛教为缘。

而唐以后诗文，遂多以风景人情世事为对象。宋元以后之图画，多写山水花鸟等自然之美。周以前之鼎彝，皆用诸祭祀。汉唐之吉金，宋元以来之名瓷，则专供把玩。野蛮时代之跳舞，专以娱神，而今则以之自娱。欧洲中古时代留遗之建筑，其最著者率为教堂；其雕刻图画之资料，多取诸新旧约；其音乐，则附丽于赞美歌；其演剧，亦排演耶稣故事，与我国旧剧目连救母相类。及文艺复兴以后，各种美术，渐离宗教而尚人文。至于今日，宏丽之建筑，多为学校、剧院、博物院。而新设之教堂，有美学上价值者，几无可指数。其他美术，亦多取资于自然现象及社会状态。于是以美育论，已有与宗教分合之两派。以此两派相较，美育之附丽于宗教者，常受宗教之累，失其陶养之作用，而转以激刺感情。盖无论何等宗教，无不有扩张己教攻击异教之条件。回教之谟罕默德，左手持可兰经，而右手持剑，不从其教者杀之。基督教与回教冲突，而有十字军之战，几及百年。基督教中又有新旧教之战，亦亘数十年之久。至佛教之圆通，非他教所能及。而学佛者苟有拘牵教义之成见，则崇拜舍利受持经忏之陋习，虽通人亦肯为之。甚至为护法起见，不惜于共和时代，附和帝制。宗教之为累，一至于此，皆激刺感情之作用为之也。鉴激刺感情之弊，而专尚陶养感情之术，则莫如舍宗教而易以纯粹之美育。

纯粹之美育，所以陶养吾人之感情，使有高尚纯洁之习惯，而使人我之见，利己损人之思念，以渐消沮者也。盖以美为普遍性，决无人我差别之见能参入其中。食物之入我口者，不能兼果他人之腹；衣服之在我身者，不能兼供他人之温。以其非普遍性也。美则不然。即如北京左近之西山，我游之，人亦游之，我无损于人，人亦无损于我也。隔千里兮共明月，我与人均不得而私之。中央公园之花石，农事试验场之水木，人人得而赏之。埃及之金字塔，希腊之神祠，罗马之剧场，瞻望赏叹者若干人，且历若干年，而价值如故。各国之博物院，无不公开者，即私人收藏之珍品，亦时供同志之赏览。各地方之音乐会、演剧场，均以容多数人为快。所谓独乐乐不如众乐乐，与寡乐乐不如与众乐乐。以齐宣王之惛，尚能承认之。美之为普遍性可知矣。且美之批评，虽间亦因人而异，然不曰是于我为美，而曰是为美，是亦以普遍性为标准之一证也。美以普遍性之故，不复有人我之关系，遂亦不能有利害之关系。马牛，人之所利用者；而戴嵩所画之牛，韩干所画之马，决无对之而作服乘之想者。狮虎，人之所畏也；而芦沟桥之石狮，神虎桥之石虎，决无对之而生搏噬之恐者。植物之花，所以成实也，而吾人赏花，决非作果实可食之想。善歌之鸟，恒非食品。灿烂之蛇，多含毒液。而以审美之观念对之，其价值自若。美色，人之所好也；对希腊之裸像，决不敢作龙阳之想；对拉飞尔若鲁滨司之裸体画，决不致有周昉秘戏图之想。盖美之超绝实际也如是。且于普通之美以外，就特别之美而观察之，则其义益显。例如崇闳之美，有至大至刚两种。至大者，如吾人在大海中，惟见天水相连，茫无涯涘。又如夜中仰数恒星，知一星为一世界，而不能得其止境，顿觉吾身之小，虽微尘不足以喻，而不知何者为所有。其至刚者，如疾风震霆，覆舟倾屋，洪水横流，火山喷薄，虽拔山盖世之气力，亦无所施，而不知何者为好胜。夫所谓大也、刚也，皆对待之名也。今既自以为无大之可言，无刚之可恃，则且忽然超出乎对待之境，而与前所谓至大至刚者肸合而为一体，其愉快遂无限量。当斯时也，又岂尚有利害得丧之见能参入其间耶？其他美育中如悲剧之美，以其能破除吾人贪恋幸福之思想。小雅之怨悱，屈子之离忧，均能特别感人。西厢记若终于崔张团圆，则平淡无奇；惟如原本之终于草桥一梦，始足发人深省。石头记若如红楼后梦等，必使宝黛成婚，则此书可以不作。原本之所以动人者，正以宝黛之结果一死一亡，与吾人之所谓幸福全然相反也。又如滑稽之美，以不与事实相应为条件。如人物之状态，各部分互有比例，而滑稽画中之人物，则故使一部分特别长大或特别短小。作诗则故为不谐之声调，用字则取资于同音异义者。方朔割肉以遗细君，不自责而反自夸。优旃谏漆城，不言其无益，而反谓漆城荡荡，寇来不得上。皆与实际不相容，故令人失笑耳。要之美学之中，其大别为都丽之美，崇闳之美（日本人译言优美壮美），而附丽于崇闳之悲剧，附丽于都丽之滑稽，皆足以破人我之见，去利害得失之计较。则其所以陶养性灵，使之日进于高尚者，固已足矣。又何取乎侈言阴骘，攻击异派之宗教，以激刺人心，而使之渐丧其纯粹之美感耶。

原载《新青年》第 3 卷第 6 号，1917 年 8 月，原文未分段

4. 普通教育和职业教育（节选）

（在新嘉坡南洋华侨中学校的演说辞）

按我国古时的礼乐二艺，有严肃优美的好处。西洋教育，亦很注重美感的。为要特别警醒社会起见，所以把美育特提出来，与体智德并为四育。

兄弟已经几次到过新嘉坡了，今天得有机会，和诸位共话一堂，实在荣幸得很！只是今天没有什么预备，所以不能有多少贡献，还望诸君原谅。

在座诸君，大半是学界中人，因此可知这里学校的多了。我今天就把普通教育和职业教育说一说。刚才从中学校来，知道中学内有商科一班，这却是职业教育的性质，不在普通小学校或中学校的普通教育范围以内。

普通教育和职业教育，显有分别：职业教育好象一所房屋，内分教室寝室等，有各别的用处；普通教育则象一所房屋的地基，有了地基，便可把楼台亭阁等，建筑起来。故职业教育所注重的，是专门的技能或智识，有时研究到极精微处，也许和日常生活绝不相干的情形。例如研究卫生的，查考起微生虫来，分门别类，精益求精，有一切另外的事都完全不管的态度。这是从事专门学问的特异点。

可是我们要起盖房子时，必得先求地基坚实，若起初不留意，等到高屋将成，才发见地基不稳，才想设法补救，已经来不及了。我刚才讲过普通教育好象房屋的地基一样，所以教育者和被教育者，都要特别注意才是。现今欧美各大学中的课程，非常严重，对于各种基本的智识，差不多不很注意了。为什么呢？因为学生在中小学的时代，早已受了很重的训练，把高深学术的基础筑固了，入大学时自然不觉得困难。若在中小学内，并没有建筑好基础，等到自悟不够时，再要补习起来，那就很不容易了。

因此前年我国审查教育会，把普通教育的宗旨，定为：（一）养成健全的人格，（二）发展共和的精神。

　　所谓健全的人格，内分四育，即：

　　（一）体育，（二）智育，（三）德育，（四）美育。

　　这四育是一样重要，不可放松一项的。先讲体育，在西洋有一句成语，叫做健全的精神，宿于健全的身体。足见体育的不可轻忽。不过体育是要发达学生的身体，振作学生的精神，并不是只在赌赛跑跳、或开运动会博得名誉体面上头，其所以要比赛或开运动会，只是要引起研究体育的兴味；因恐平时提不起锻炼身体的精神，故不妨常和大家较量较量。我们比不过人家时，便要在平常用功了。其实体育最要紧的，是合于生理。若只求个人的胜利，或一校的名誉，不管生理上有无危险，这不要说于身体上有妨害，且成一种机械的作用，便失却体育的价值了。而且只骛虚名，在心理上亦易受到恶影响。因为常常争赛的结果，可使学生的虚荣心旺盛起来；出去服务社会，一切举动，便也脱不了虚荣心的气味，这是贻害社会不浅的。不过开运动会和竞技等，在平时操练有些呆板乏味时，偶然举行一下，倒是可以调剂机械作用。因变化常态而添出兴趣，是很好的，只要在心理上使学生彻底明白体育的目的，是为锻炼自己的身体，不是在比赛争胜上，要使他们望正鹄做去。

　　次讲智育，案我们教书，并不是象注水入瓶一样，注满了就算完事。最要是引起学生读书的兴味，做教员的，不可一句一句，或一字一字的，都讲给学生听。最好使学生自己去研究，教员竟不讲也可以，等到学生实在不能用自己的力量了解功课时，才去帮助他。至于常用口头的讲授，或恐有失落系统的毛病，故定出些书本来，而定书本也要看学生的程度，高下适宜，才对。做学生的，也不是天天到校把教科书熟读了，就算完事。要知道书本是不过给我一个例子，我要从具体的东西内抽出公例来，好应用到别处去。譬如从书上学得菊花，看见梅花时，便知也是一种植物；从书上学得道南学校，看见端蒙学校，便也知道是什么处所；若果能象这样的应用，就是不能读熟书本，也可说书上的东西都学得了。

　　再现在各学校内，每把学生分为班次，要知这是不得已的办法，缘学生的个性不同：有的近文学，有的喜算术等；所以各人于各科进步的快慢，也不能一致，但因经济方面，或其他的关系，一时竟没法子想。然亦总须活用为妙。就是遇有特别的天才的，总宜施以特别的教练。在学生方面，也要自省，我于那几科觉得很困难的，须格外用功些，那几科觉得特别喜欢的，也不妨多学些。总之，教授求学，两不可呆板便了。

至于德育，并不是照前人预定的格言做去就算数。有些人心目中，以为孔子或孟子所讲的，总是不差，照他们圣人的话实行去，便是有道德了；其实这种见解，是不对的。什么叫道德，并不是由前人已造成的路走去的意义，乃是在不论何时何地、照此做法、大家都能适宜的一种举措标准。是以万事的条件不同，原理则一。譬如人不可只爱自己，于是有些人讲要爱家，这便偏于家庭，或有些人提倡爱群，又偏于群的方面了；可是他的原理，只是爱人一语罢了。故我们要一方考察现时的风俗情形，一方推求出旧道德所以酿成的缘故，拿来比较一下。若是某种旧道德成立的缘故，现在已经没有了，也不妨把他改去，不必去死守他。我此刻在中学校看见办有图书馆童子军等，这些事物，于许多人很适宜，于四周办事人亦无妨害，这便不是不道德。总之，道德不是记熟几句格言，就可以了事的，要重在实行。随时随地，抱着试验的态度。因为天下没有一劳永逸的事情，若说今天这样，便可永远这样，这是大误。要随时随地，看事势的情形，而改变举措的标准。去批评人家时，也要考察他人所处的环境怎样，而下断语，才是。

第四美育，从前将美育包在德育里的。为什么审查教育会，要把他分出来呢？因为挽近人士，太把美育忽略了。按我国古时的礼乐二艺，有严肃优美的好处。西洋教育，亦很注重美感的。为要特别警醒社会起见，所以把美育特提出来，与体智德并为四育。

美育之在普通学校内，为图工音乐等课。可是亦须活用，不可成为机械的作用。从前写字的，往往描摹古人的法帖，一点一划，依样葫芦，还要说这是赵字哪，这是柳字哪，其实已经失却生气，和机器差不多，美在那里？

图画也是如此，从前学子，往往临摹范本，圆的圆，三角的三角，丝毫不变，这亦不可算美。现在新嘉坡的天气很好，故到处有自然的美，要找美育的材料，很容易。最好叫学生以己意取材，喜图画的，教他图画；喜雕刻的，就教他雕刻，引起他美的兴趣。不然，学生喜欢的不教，不喜欢的硬叫他去做，要求进步，很难说的。像儿童本喜欢自由游戏，有些人却去教他们很繁难的舞蹈，儿童本喜自由嬉唱，现在的学校内，却多照日本式用 1234567 等，填了谱，不管有无意义，教儿童去唱。这样完全和儿童的天真天籁相反。还有看见西洋教音乐，要用风琴的，于是也就买起风琴来，叫小孩子和着唱。实则我们中国，也有箫笛等简单的乐器，何尝不可用？必要事事模仿人家，终不免带着机械性质，于美育上，就不可算是真美。

以上四育，都宜时时试验演进，要一无偏枯，才可教练得儿童有健全的人格。

学校教育注重学生健全的人格，故处处要使学生自动。通常学校的教习，每说我要学生圆就圆，要学生方就方，这便大误。最好使学生自学，教者不宜硬以自己的意思，压到学生身上。不过看各人的个性，去帮助他们作业罢了。但寻常一级的学生，总有二十人左右。一位教员，断不能知道个个学生的个性；所以在学生方面，也应自觉，教我的先生，既不能很知道我，最知我的，便是我自己了。如此，则一切均须自助才好。大概受毕普通教育，至少要获得地平线以上的人格，使四育平均发展。

（陈安仁、夏应佛笔记）

原载《教育》第 13 期第 1 号，1920 年 12 月

5. 美育

所以美育者，与智育相辅而行，以图德育之完成者也。

美育者，应用美学之理论于教育，以陶养感情为目的者也。人生不外乎意志；人与人互相关系，莫大乎行为；故教育之目的，在使人人有适当之行为，即以德育为中心是也。顾欲求行为之适当，必有两方面之准备：一方面，计较利害，考察因果，以冷静之头脑判定之；凡保身卫国之德，属于此类，赖智育之助者也。又一方面，不顾祸福，不计生死，以热烈之感情奔赴之；凡与人同乐、舍己为群之德，属于此类，赖美育之助者也。所以美育者，与智育相辅而行，以图德育之完成者也。

吾国古代教育，用礼、乐、射、御、书、数之六艺。乐为纯粹美育；书以记述，亦尚美观；射御在技术之熟练，而亦态度之娴雅；礼之本义在守规则，而其作用又在远鄙俗；盖自数以外，无不含有美育成分者。其后若汉魏之文苑、晋之清谈、南北朝以后之书画与雕刻、唐之诗、五代以后之词、元以后之小说与剧本，以及历代著名之建筑与各种美术工艺品，殆无不于非正式教育中行其美育之作用。其在西洋，如希腊雅典之教育，以音乐与体操并重，而兼重文艺。音乐、文艺，纯粹美育。体操者，一方以健康为目的，一方实以使身体为美的形式之发展；希腊雕像，所以成空前绝后之美，即由于此。所以雅典之教育，虽谓不出乎美育之范围，可也。罗马人虽以从军为政见长，而亦输入希腊之美术与文学，助其普及。中古时代，基督教徒，虽务以清静矫俗；而峨特式之建筑，与其他音乐、雕塑、绘画之利用，未始不迎合美感。自文艺复兴以后，文艺、美术盛行。及十八世纪，经包姆加敦（Baumgarten，1717—1762）与康德（Kant，1724—1804）之研究，而美学成立。经席勒尔（Schiller，1759—1805）详论美育之作用，而美育之标识，始彰明较著矣。（席勒尔所著，多诗歌及剧本；而其关于美学之著作，惟 Brisfeüberdie ästhetische Erziehung，吾国"美育"之术语，即由德文之 Ästhetische Erziehung 译出者也。）自是以后，欧洲之美育，为有意识之发展，可以资吾人之借鉴者甚多。

爰参酌彼我情形而述美育之设备如下：美育之设备，可分为学校、家庭、社会三方面。学校自幼稚园以至大学校，皆是。幼稚园之课程，若编纸、若粘土、若唱歌、若舞蹈、若一切所观察之标本，有一定之形式与色泽者，全为美的对象。进而至小学校，课程中如游戏、音乐、图画、手工等，固为直接的美育；而其他语言与自然、历史之课程，亦多足以引起美感。进而及中学校，智育之课程益扩加；而美育之范围，亦随以俱广。例如，数学中数与数常有巧合之关系。几何学上各种形式，为图案之基础。物理、化学上能力之转移，光色之变化；地质学的矿物学上结晶之匀净，闪光之变幻；植物学上活色生香之花叶；动物学上逐渐进化之形体，极端改饰之毛羽，各别擅长之鸣声；天文学上诸星之轨道与光学；地文学上云霞之色彩与变动；地理学上各方之名胜；历史学上各时代伟大与都雅之人物与事迹；以及其他社会科学上各种大同小异之结构，与左右逢源之理论；无不于智育作用中，含有美育之原素；一经教师之提醒，则学者自感有无穷之兴趣。其他若文学、音乐等之本属于美育者，无待言矣。进而至大学，则美术、音乐、戏剧等皆有专校，而文学亦有专科。即非此类专科、专校之学生，亦常有公开之讲演或演奏等，可以参加。而同学中亦多有关于此等美育之集会，其发展之度，自然较中学为高矣。且各级学校，于课程外，尚当有种种关于美育之设备。例如，学校所在之环境有山水可赏者，校之周围，设清旷之园林。而校舍之建筑，器具之形式，造象摄影之点缀，学生成绩品之陈列，不但此等物品之本身，美的程度不同；而陈列之位置与组织之系统，亦大有关系也。

其次家庭：居室不求高大，以上有一二层楼，而下有地窨者为适宜。必不可少者，环室之园，一部分杂莳花木，而一部分可容小规模之运动，如秋千、网球之类。其他若卧室之床几、膳厅之桌椅与食具、工作室之书案与架柜、会客室之陈列品，不问华贵或质素，总须与建筑之流派及各物品之本式，相互关系上，无格格不相入之状。其最必要而为人人所能行者，清洁与整齐。其他若鄙陋之辞句，如恶谑与谩骂之类；粗暴与猥亵之举动；无老幼、无男女、无主仆，皆当屏绝。

其次社会：社会之改良，以市乡为立足点。凡建设市乡，以上水管、下水管为第一义；若居室无自由启闭之水管，而道路上见有秽水之流演、粪桶与粪船之经过，则一切美观之设备，皆为所破坏。次为街道之布置，宜按全市或全乡地面而规定大街若干、小街若干，街与街之交叉点，皆有广场。场中设花坞，随时移置时花；设喷泉，于空气干燥时放射之；如北方各省尘土飞扬之所，尤为必要。陈列美术品，如名人造像，或神话、故事之雕刻等。街之宽度，预为规定，分步行、车行各道，而旁悉植树。两旁建筑，私人有力自营者，必送其图于行政处，审为无碍于观瞻而后认可之；其无力自营而需要住所者，由行政处建设公共之寄宿舍，或为一家者，或为一人者，以至廉之价赁出之。于小学校及幼稚园外，尚有寄儿所，以备孤儿或父母同时作工之子女可以寄托，不使抢攘于街头。对于商店之陈列货物，悬挂招牌，张贴告白，皆有限制，不使破坏大体之美观，或引起恶劣之心境。载客运货之车，能全用机力，最善。必不得已而利用畜力，或人力，则牛马必用强壮者，装载之量与运行之时，必与其力相称。人力间用以运轻便之物，或负担，或曳车、推车。若为人舁桥挽车，惟对于病人或妇女，为徜徉游览之助者，或可许之。无论何人，对于老牛、羸马之竭力以曳重载，或人力车夫之袒背浴汗而疾奔，不能不起一种不快之感也。设习艺所，以收录贫苦与残疾之人，使得于能力所及之范围，稍有所贡献，以偿其所享受，而不许有沿途乞食者。设公墓，可分为土葬、火葬两种，由死者遗命或其子孙之意而选定之。墓地上分区、植树、莳花、立碑之属，皆有规则。不许于公墓以外，买地造坟。分设公园若干于距离适当之所，有池沼亭榭、花木鱼鸟，以供人工作以后之休憩。设植物园，以观赏四时植物之代谢。设动物园，以观赏各地动物特殊之形状与生活。设自然历史标本陈列所，以观赏自然界种种悦目之物品。设美术院，以久经鉴定之美术品，如绘画、造象及各种美术工艺，刺绣、雕镂之品，陈列于其中，而有一定之开放时间，以便人观览。设历史博物院，以使人知一民族之美术，随时代而不同。设民族学博物院，以使人知同时代中，各民族之美术，各有其特色。设美术展览会，或以新出之美术品，供人批评；或以私人之所收藏，暂供众览；或由他处陈列所中，抽借一部，使观赏者常有新印象，不为美术院所限也。设音乐院，定期演奏高尚之音乐，并于公园中为临时之演奏。设出版物检查所，凡流行之诗歌、小说、剧本、画谱以至市肆之挂屏、新年之花纸，尤其儿童所读阅之童话与画本等，凡粗犷、猥亵者禁止之；而择其高尚优美者助为推行。设公立剧院及影戏院，专演文学家所著名剧及有关学术、能引起高等情感之影片，以廉价之入场券引人入览。其他私人营业之剧院及影戏院，所演之剧与所照之片，必经公立检查所之鉴定，凡卑猥陋劣之作，与真正之美感相冲突者，禁之。婚丧仪式，凡陈陈相因之仪仗、繁琐无理之手续，皆废之；定一种简单而可以表示哀乐之公式。每年遇国庆日，或本市本乡之纪念日，则于正式祝典以外，并可有市民极端欢娱之表示；然亦有一种不能越过之制限；盖文明人无论何时，总不容有无意识之举动也。以上所举，似专为新立之市乡而言，其实不然。旧有之市乡，含有多数不合美育之分子者，可于旧市乡左近之空地，逐渐建设，以与之交换；或即于旧址上局部改革。要之美育之道，不达到市乡悉为美化，则虽学校、家庭尽力推行，而其所受环境之恶影响，终为阻力；故不可不以美化市乡为最重要之工作也。

本文是蔡元培为商务印书馆出版的《教育大辞书》所撰写的《美育》条目，原文未分段

6. 以美育代宗教

我向来主张以美育代宗教……

我向来主张以美育代宗教，而引者或改美育为美术，误也。我所以不用美术而用美育者，一因范围不同，欧洲人所设之美术学校，往往止有建筑，雕刻，图画等科，并音乐文学，亦未列入；而所谓美育，则自上列五种外，美术馆的设置，剧场与影戏院的管理，园林的点缀，公墓的经营，市乡的布置，个人的谈话与容止，社会的组织与演进，凡有美化的程度者均在所包；而自然之美，尤供利用；都不是美术二字所能包举的。二因作用不同，凡年龄的长幼，习惯的差别，受教育程度的深浅，都令人审美观念互不相同。

我所以不主张保存宗教，而欲以美育来代他，理由如下：

宗教本旧时代教育，各种民族，都有一个时代，完全把教育权委于宗教家；所以宗教中兼含着智育，德育，美育的原素。说明自然现象，记上帝创世次序，讲人类死后世界等等是智育。犹太教的十戒，佛教的五戒，与各教中劝人去恶行善的教训，是德育。各教中礼拜，静坐，巡游的仪式，是体育。宗教家择名胜的地方，建筑礼堂，饰以雕刻图画，并参用音乐舞蹈，佐以雄辩与文学，使参与的人有超尘世的感想，是美育。

从科学发达以后，不但自然历史，社会状况，都可用归纳法求出真相；就是潜识、幽灵一类，也要用科学的方法来研究他；而宗教上所有的解说，在现代多不能成立，所以智育与宗教无关。历史学、社会学、民族学等发达以后，知道人类行为是非善恶的标准，随地不同；随时不同；所以现代人的道德，须合于现代的社会，决非数百年或数千年以前之圣贤所能预为规定，而宗教上所悬的戒律，往往出自数千年以前，不特罣漏太多，而且与事实相冲突的，一定很多；所以德育方面，也与宗教无关。自卫生成为专学，运动场疗养院的设备，因地因人，各有适当的布置，运动的方式，极为复杂；旅行的便利，也日进不已，决非宗教上所有的仪式所能比拟；所以体育方面，也不必倚赖宗教。于是，宗教上所被认为尚有价值的，止有美育的原素了。庄严伟大的建筑，优美的雕刻与绘画，奥秘的音乐，雄深或婉挚的文学，无论其属于何教，而异教的或反对一切宗教的人，决不能抹杀其美的价值，是宗教上不朽的一点止有美。

然则保留宗教，以当美育，可行么？我说不可。

一、美育是自由的，而宗教是强制的；

二、美育是进步的，而宗教是保守的；

三、美育是普及的，而宗教是有界的；

因为宗教中美育的原素虽不朽；而既认为宗教的一部分，则往往引起审美者的联想，使彼受智育德育诸部分的影响，而不能为纯粹的美感，故不能以宗教充美育，而止能以美育代宗教。

原载《现代学生》第 1 卷第 3 期，1930 年 12 月

（本辑文章选自《蔡元培美学文选》，北京大学出版社，1983 年 4 月版）

胡　适

民主教育思想

胡适（1891—1962），原名嗣穈，学名洪骍，后改名胡适，字适之，安徽绩溪人。新文化运动的领袖之一，我国近现代著名哲学家、教育家。

幼读家塾，13 岁起入新学，1910 年留学美国，入康奈尔大学选读农科，1915 年入哥伦比亚大学哲学系，师从著名教育家杜威。1917 年初在《新青年》发表《文学改良刍议》。同年，通过哲学博士学位考试，回国任北京大学教授，参加编辑《新青年》杂志。1933 年任国立北京大学文学院院长兼中国文学系主任，1938 至 1942 年任中华民国驻美国大使。1945 年任中华民国政府代表团代表，在旧金山出席联合国制宪会议；以中华民国政府代表团首席代表身份，在伦敦出席联合国教科文组织会议，制定该组织的宪章。1946 年任国立北京大学校长。1962 年在台北病逝。

胡适深受赫胥黎与杜威的影响，毕生宣扬自由民主，提倡怀疑主义，曾自言杜威对其一生的文化生命产生决定性影响。早年因提倡文学革命而成为新文化运动的领袖之一，并以《新青年》月刊为阵地，宣传民主、科学。一生倡导民主政治，主张文化多元，提倡培养具有"自由、独立人格"的国民，重视教育的社会改造功能，他说："今日教育之唯一方针，在于为吾国造一新文明。"认为教育对于改造国民性具有不可代替的作用，要救国就必须发展教育。

胡适倡导教育个性化。他主张以儿童为中心，尊重儿童兴趣，解放儿童天性，发展儿童天性才能，不赞成用繁文缛节限制儿童自由。胡适特别注重培养学生"重事实、重假设、重实验"的科学态度和批评精神，提倡"大胆的假设，小心的求证""言必有征"的治学方法，认为只有这样，才能造就有个性的个人，才能免受传统、权威的愚弄和左右，成为有智识的公民。他认为真的个人主义就是个性主义："一是独立思想，不肯把别人的耳朵当耳朵，不肯把别人的眼睛当眼睛，不肯把别人的脑力当自己的脑力。二是个人对于自己思想信仰的结果要负完全责任，不怕权威，不怕监禁杀身，只认得真理，不认得个人的利害。"胡适认为这是一种"健全的个人主义"。

胡适主张教育独立。他反对政治干预大学教育，主张教育的独立及思想的自由，反对浮躁学风；他呼唤大学有独立的经济来源，有独立的管理机构，有独立的管理制度。他批评教会学校时就指出："学校是发展人才的地方，不是为一宗一派收徒弟的地方。"因此，他认为学校是学术机关，教育应该脱离政治，政府应只管分拨经费和任免行政人员即可，其他的事都应该放学校以自由。他也不赞成学生参加校外政治活动。他经常引用易卜生的一句话："你要想有益于社会，最好的法子莫如把你自己这块材料造成器。"

　　胡适主张教授治校，提倡学术自由。在胡适的建议下，蔡元培在北大就实行了这种类似于欧美大学教授会的"教授治校"理念，校长不独揽大权，充分尊重教授们的意见与建议，胡适认为正是教授治校原则使北大"从校长、学长独裁制变为'教授治校'制，不但增加全体教务人员对于学校的兴趣与情谊，而且还可以利用多方面的才智，同时还使学校的基础更加稳固，不至于因为校长或学长的动摇而动摇。因此教育的独立若先从此处下手，循序渐进，等大环境改善以后，最终求得教育的独立、获得自由，虽然不是指日可待，但也绝非遥遥无期"。

　　当然，在当时那充满专制色彩的社会中，要真正实行教育和学术独立是不可能的；但是，胡适一生坚持的民主教育思想，在教育现代化进程中应该具有重要的启迪和借鉴意义。

1. 杜威的教育哲学（节选）

（1919 年 4 月）

简单说来，教育即是生活，并不是将来生活的预备。

杜威先生常说："哲学就是广义的教育学说"。这就是说哲学便是教育哲学。

这句话初听了很可怪。其实我们如果仔细一想，便知道这句话是不错的。我们试问古往今来的哲学家哪一个不是教育家？哪一个没有一种教育学说？哪一种教育学说不是根据于哲学的？我且举几个例。我们小时读三字经开端就是"人之初，性本善，性相近，习相远。苟不教，性乃迁"。这几句说的是孔子的教育哲学。三字经是宋朝人做的，所代表的又是程子朱子一派的教育哲学。再翻开朱注的论语，第一章"学而时习之"的底下注语道："学之为言效也。人性皆善而觉有先后。后觉者必效先觉之所为，乃可以明善而复其初也"。请看他们把学字解作仿效，把教育的目的看作"明善而复其初"：这不是极重要的教育学说吗？我们如研究哲学史，便知道这几句注语里面，不但是解释孔子的话，并且含有禅家明心见性的影响。这不是很明白的例吗？

再翻开各家的哲学书，从老子直到蔡元培，从老子的"常使民无知无欲"，直到蔡元培的"以美育代宗教"，哪一家的哲学不是教育学说呢？懂得这个道理，然后可以知道杜威先生的哲学和他的教育学说的关系。

杜威的教育学说，大旨都在郑宗海先生所译的"杜威教育主义"（新教育第二期）里面。现在且先把那篇文章的精华提出来写在下面：（译笔略与郑先生不同）。

（一）什么是教育？

教育的进行在于个人参与人类之社会的观念。……真教育只有一种：只有儿童被种种社会环境的需要所挑起的才能的活动：这才是真教育。

（二）什么是学校？

学校本来是一种社会的组织。教育既是由社会生活上进行，学校不过是一种团体生活，凡是能使儿童将来得享受人类的遗产和运用他自己的能力为群众谋福利的种种势力，都集合在里面。简单说来，教育即是生活，并不是将来生活的预备。

（三）什么是教材？

学校科目交互关系的中心点不在理科，不在文学，不在历史，不在地理，乃在儿童自己的社会生活。

总而言之，我深信我们应该把教育看作经验的继续再造；教育的目的与教育的进行是一件事，不是两件事。

（四）方法的性质。

方法的问题即是儿童的能力和兴趣发展的次序的问题。

（1）儿童天性的发展，主动的方面毙于被动的方面；……动作先于有意识的感觉。意思（智识的和推理的作用）乃是动作的结果，并且是因为要主持动作才发生的。平常所谓"理性"，不过是有条理有效果的动作之一种法子，并不是在动作行为之外可以发达得出来的。

（2）影像（Images）乃是教授的大利器。儿童对于学科所得到的不过是他自己对于这一科所构成的影像。……现在我们用在预备功课和教授功课上的许多时间和精力，正可用来训练儿童构成影像的能力，要使儿童对于所接触的种种物事都能随时发生清楚明了又时时长进的影像。

（3）儿童的兴趣即是才力发生的记号。……某种兴趣的发生，即是表示这个儿童将要进到某步程度。……凡兴趣都是能力的记号，最要紧的是寻出这种能力是什么。

（4）感情乃是动作的自然反应。若偏向激动感情，不问有无相当的动作，必致于养成不健全和乖僻的心境。

（五）社会进化与学校。

教育乃是社会进化和改良的根本方法……教育根据于社会观念，支配个人的活动，这便是社会革新的唯一可靠的方法。

这种教育见解，对于个人主义和社会主义的理想都有适当的容纳。一方面是个人的，因为这种主张承认一种品行的养成是正当生活的真基础。一方面是社会的，因为这种学说承认这种良好的品行不是单有个人的训戒教导便能造成的；乃是倚靠一种社会生活的影响才能养成的。

以上所记，可说是杜威教育学说的要旨。再总括起来，便只有两句话：

（1）"教育即是生活"；

（2）"教育即是继续不断的重新组织经验，要使经验的意义格外增加，要使个人主持指挥后来经验的能力格外增加"。（*Democracy and Education*，PP. 89—90）

原载《新教育》第 1 卷第 3 期，1919 年 5 月

2．我们对于学生的希望

（1920 年 1 月）

这种学生活动有三个重要部分。（1）学问的生活。（2）团体的生活。（3）社会服务的生活。

……

我们对于学生的希望，简单说来，只有一句话："我们希望学生从今以后要注重课堂里，操场上，课余时间里的学生活动：只有这种学生活动是能持久又最有功效的学生运动"。这种学生活动有三个重要部分。

（1）学问的生活。

（2）团体的生活。

（3）社会服务的生活。

第一，学问的生活。这一年以来，最可使人乐观的一种好现象，就是许多学生于知识学问的兴趣渐渐增加了。新出的出版物的销数增加，可以估量学生求知识的兴趣增加。我们希望现在的学生充分发展这点新发生的兴趣，注重学问的生活。要知道社会国家的大问题，决不是没有学问的人能解决的。我们说的"学问的生活"并不限于从前的背书抄讲义的生活。我们希望学生（无论中学大学）都能注重下列的几项细目。

（1）注重外国文。现在中文的出版物，实在不够满足我们求知识欲望。求新知识的门径在于外国文，每个学生至少须要能用一种外国语看书。学外国语须要经过查生字，记生字的第一难关，千万不要怕难，若是学堂里的外国文教员确是不好，千万不要让他敷衍你们，不妨赶跑他。

（2）注重观察事实与调查事实。这是科学训练的第一步，要求学校里用实验来教授科学；自己去采集标本，自己去观察调查。观察调查须要有个目的，（例如本地的人口、风俗、出产，植物、鸦片烟馆等项的调查）还要注重团体的互助，分工合作，做成有系统的报告。现在的学生天天谈"二十一条"，究竟二十一条是什么东西，有几个人说得出吗？天天谈"高徐济顺"，究竟有几个指得出这条路在什么地方吗？这种不注重事实的习惯，是不可不打破的。打破这种习惯的唯一法子，就是养成观察调查的习惯。

（3）建设地促进学校的改良。现在的学校课程和教员，一定有许多不能满足学生求学的欲望的。我们希望学生不要专做破坏的攻击，须要用建设的精神，促进学校的改良。与其提倡考试的废止，不如提倡考试的改良。与其攻击校长不多买博物标本，不如提倡学生自去采集标本。这种建设的促进，比教育部和教育厅的命令的功效大得多咧。

（4）注重自修。灌进去的知识学问，没有多大用处的。真正可靠的学问，都是从自修得来。自修的能力，是求学问的唯一条件，不养成自修的能力，决不能求学问。自修应注重的事，是（一）看书的能力。（二）要求学校购备参考书报，如大字典、词典、重要的大部书之类。（三）结合同学多买书报，交换阅看。（四）要求教员指导自修的门径和自修的方法。

第二，团体的生活。"五四"运动以来。总算增加了许多学生的团体生活的经验，但是现在的学生团体有两大缺点：（一）是内容太偏枯了。（二）是组织太不完备了。内容偏枯的补救，应注意各方面的"俱分并进"。

（1）学术的团体生活。如学术研究会或讲演会之类，应该注重自动的调查、报告、试验、讲演。

（2）体育的团体生活。如足球、运动会、童子军、野外幕居、假期游行等等。

（3）游艺的团体生活。如音乐、图画、戏剧等等。

（4）社交的团体生活。如同学茶话会、家人恳亲会、师生恳亲会、同乡会等等。

（5）组织的团体生活。如本校学生会、自治会、各校联合会、学生联合总会之类。

要补救组织的不完备，应注重议会法规（parliamantary law）的重要条件。简单说来，至少须有下列的几个条件：

（1）法定开会人数。这是防弊的要件。

（2）动议的手续与修正议案的手续。这是议会法规里最繁难又最重要的一项。

（3）发言的顺序。这是维持秩序的要件。

（4）表决的方法。（一）须规定某种议案必须全体几分之几的可决。某种必须到会人数几分之几的可决。某种仅须过半数的可决。（二）须规定某种重要议案必须用无记名投票。某种必须用有记名投票。某种可用举手的表决。

（5）凡是代表制的联合会。无论校内校外，皆须有复决制（Referendum）。遇重大的案件，代表会议的议决案，必须再经过会员的总投票。总会的议决案，必须再经过各分会的复决。

（6）议案提出后，应有规定的讨论时间，并须限制每人发言的时间与次数。

现在许多学生会的章程，只注重职员的分配，却不注重这些最要紧的条件，这是学生团体失败的一个大原因。

此外还须注意团体生活最不可少的两种精神：

（1）容纳反对党的意见。现在学生会议的会场上，对于不肯迎合群众心理的言论，往往有许多威压的表示，这是暴民专制，不是民治精神。民治主义的第一个条件，就是要使各方面的意见都可自由发表。

（2）人人要负责任。天下有许多事，都是不肯负责任的"好人"弄坏的。好人坐在家里叹气，坏人在议场上做戏，天下事所以败坏了。不肯出头负责的人，便是团体的罪人，便不配做民治国家的国民。民治主义的第二个条件，是人人要负责任，要尊重自己的主张，要用正当的方法来传播自己的主张。

第三，社会服务的生活。学生运动是学生对于社会国家的利害发生兴趣的表示，所以各处都有平民夜学，平民讲演的发起。我们希望今后的学生继续推广这种社会服务的事业。这种事业，一来是救国的根本办法；二来是学生的能力做得到的；三来可以发展学生自己的学问与才干；四来可以训练学生待人接物的经验。我们希望学生注意以下各点。

（1）平民夜校。注重本地的需要，介绍卫生的常识，职业的常识，和公民的常识。

（2）通俗讲演。现在那些"同胞快醒，国要亡了"、"杀卖国贼"、"爱国是人生的义务"等等空话的讲演，是不能持久的，说了两三遍就没有了。我们希望学生注重科学常识的讲演，改良风俗的讲演，破除迷信的讲演，譬如你今天演说"下雨"，你不能不先研究雨是怎样来的，何以从天上下来，听的人也可以因此知道雨不是龙王菩萨洒下来的，也可以知道雨不是道士和尚求得下来的。又如你明天演说"种田何以须用石灰作肥料"，你就不能不研究石灰的化学，听的人也可以因此知道肥料的道理。这种讲演，不但于人有益，于自己也极有益。

（3）破除迷信的事业。我们希望学生不但用科学的道理来解释本地的种种迷信，并且还要实行破除迷信的事业。如求神合婚，求仙方、放焰口、风水等等迷信，都该破除。学生不来破除迷信，迷信是永远不会破除的。

（4）改良风俗的事业。我们希望学生用力去做改良风俗的事业，譬如女子缠足的，现在各处多有，学生应该组织天足会。相戒不娶小脚的女子；不能解放你的姊妹们的小脚，你就不配谈"女子解放"。又如鸦片烟与吗啡，现在各处仍旧很销行。学生应该组织调查队、侦探队或报告官府，或自动的捣毁烟间与吗啡店；你不能干涉你村上的鸦片吗啡，你也不配干预国家的大事。

以上说的是我们对于学生的希望。

原载《新教育》第 2 卷第 5 期，1920 年 1 月

3. 介绍我自己的思想

(1930 年 11 月 27 日)

我的思想受两个人的影响最大：一个是赫胥黎，一个是杜威先生。赫胥黎教我怎样怀疑，教我不信任一切没有充分证据的东西。杜威先生教我怎样思想，教我处处顾到当前的问题，教我把一切学说理想都看作待证的假设，教我处处顾到思想的结果。

我在这十年之中，出版了三集《胡适文存》，约计有一百四五十万字。我希望少年学生能读我的书，故用报纸印刷，要使定价不贵。但现在三集的书价已在七元以上，贫寒的中学生已无力全买了。字数近百五十万，也不是中学生能全读的了。所以我现在从这三集里选出了二十二篇论文，印作一册，预备给国内的少年朋友们作一种课外读物。如有学校教师愿意选我的文字作课本的，我也希望他们用这个选本。

我选的这二十二篇文字，可以分作五组。

第一组六篇，泛论思想的方法。

第二组三篇，论人生观。

第三组三篇，论中西文化。

第四组六篇，代表我对于中国文学的见解。

第五组四篇，代表我对于整理国故问题的态度与方法。为读者的便利起见，我现在给每一组作一个简短的提要，使我的少年朋友们容易明白我的思想的路径。

一

第一组收的文字是：

演化论与存疑主义

杜威先生与中国

杜威论思想

问题与主义

新生活

新思潮的意义

我的思想受两个人的影响最大：一个是赫胥黎，一个是杜威先生。赫胥黎教我怎样怀疑，教我不信任一切没有充分证据的东西。杜威先生教我怎样思想，教我处处顾到当前的问题，教我把一切学说理想都看作待证的假设，教我处处顾到思想的结果。这两个人使我明瞭科学方法的性质与功用，故我选前三篇介绍这两位大师给我的少年朋友们。

……

实验主义从达尔文主义出发，故只能承认一点一滴的不断的改进是真实可靠的进化。我在"问题与主义"和"新思潮的意义"两篇里，只发挥这个根本观念。我认定民国六年以后的新文化运动的目的是再造中国文明，而再造文明的途径全靠研究一个个的具体问题。我说：

文明不是笼统造成的，是一点一滴的造成的。进化不是一晚上笼统进化的，是一点一滴的进化的。现今的人爱谈"解放"与"改造"，须知解放不是笼统解放，改造也不是笼统改造。解放是这个那个制度的解放，这种那种思想的解放，这个那个人的解放：都是一点一滴的解放。改造是这个那个制度的改造，这种那种思想的改造，这个那个人的改造：都是一点一滴的改造。

再造文明的下手工夫是这个那个问题的研究。再造文明的进行是这个那个问题的解决。（页六八）

我这个主张在当时最不能得各方面的了解。当时（民国八年）承"五四""六三"之后，国内正倾向于谈主义。我预料到这个趋势的危险，故发表"多研究些问题，少谈些主义"的警告。我说：

凡是有价值的思想，都是从这个那个具体的问题下手的。先研究了问题的种种方面的种种事实，看看究竟病在何处，这是思想的第一步工夫。然后根据于一生的经验学问，提出种种解决的方法，提出种种医病的丹方，这是思想的第二步工夫。然后用一生的经验学问，加上想像的能力，推想每一种假定的解决法应该可以有什么样的效果，更推想这种效果是否真能解决眼前这个困难问题。推想的结果，拣定一种假定的（最满意的）解决，认为我的主张，这是思想的第三步工夫。

凡是有价值的主张，都是先经过这三步工夫来的。（页三六）

我又说：

一切主义，一切学理，都该研究。但只可认作一些假设的（待证的）见解，不可认作天经地义的信条；只可认作参考印证的材料，不可奉为金科玉律的宗教；只可用作启发心思的工具，切不可用作蒙蔽聪明，停止思想的绝对真理。如此方才可以渐渐养成人类的创造的思想力，方才可以渐渐使人类有解决具体问题的能力，方才可以渐渐解放人类对于抽象名词的迷信。（页五〇）

这些话是民国八年七月写的。于今已隔了十几年，当日和我讨论的朋友，一个已被杀死了，一个也颓唐了，但这些话字字句句都还可以应用到今日思想界的现状。十几年前我所预料的种种危险，——"目的热"而"方法盲"，迷信抽象名词，把主义用作蒙蔽聪明停止思想的绝对真理，——一都显现在眼前了。所以我十分诚恳的把这些老话贡献给我的少年朋友们，希望他们不可再走错了思想的路子。

"新生活"一篇，本是为一个通俗周报写的；十几年来，这篇短文走进了中小学的教科书里，读过的人应该在一千万以上了。但我盼望读过此文的朋友们把这篇短文放在同组的五篇里重新读一遍。赫胥黎教人记得一句"拿证据来！"我现在教人记得一句"为什么？"少年的朋友们，请仔细想想：你进学校是为什么？你进一个政党是为什么？你努力做革命工作是为什么？革命是为了什么而革命？政府是为了什么而存在？

请大家记得：人同畜生的分别，就在这个"为什么"上。

<h1 style="text-align:center">二</h1>

第二组的文字只有三篇：

《科学与人生观》序

不朽

易卜生主义

这三篇代表我的人生观，代表我的宗教。

《易卜生主义》一篇写的最早，最初的英文稿是民国三年在康奈尔大学哲学会宣读的，中文稿是民国七年写的。易卜生最可代表十九世纪欧洲的个人主义的精华，故我这篇文章只写得一种健全的个人主义的人生观。这篇文章在民国七八年间所以能有最大的兴奋作用和解放作用，也正是因为它所提倡的个人主义在当日确是最新鲜又最需要的一针注射。

娜拉抛弃了家庭丈夫儿女，飘然而去，只因为她觉悟了她自己也是一个人，只因为她感觉到她"无论如何，务必努力做一个人"。

这便是易卜生主义。易卜生说：

我所最期望于你的是一种真实纯粹的为我主义，要使你有时觉得天下只有关于你的事最要紧，其余的都算不得什么。……你要想有益于社会，最好的法子莫如把你自己这块材料铸造成器。……有的时候我真觉得全世界都象海上撞沉了船，最要紧的还是救出自己。（页一三〇）

这便是最健全的个人主义。救出自己的唯一法子便是把你自己这块材料铸造成器。

把自己铸造成器，方才可以希望有益于社会。真实的为我，便是最有益的为人。把自己铸造成了自由独立的人格，你自然会不知足，不满意于现状，敢说老实话，敢攻击社会上的腐败情形，做一个"贫贱不能移，富贵不能淫，威武不能屈"的斯铎曼医生。斯铎曼医生为了说老实话，为了揭穿本地社会的黑幕，遂被全社会的人喊作"国民公敌"。但他不肯避"国民公敌"的恶名，他还要说老实话。他大胆的宣言：

世上最强有力的人就是那最孤立的人！

这也是健全的个人主义的真精神。

这个个人主义的人生观一面教我们学娜拉，要努力把自己铸造成个人；一面教我们学斯铎曼医生，要特立独行，敢说老实话，敢向恶势力作战。少年的朋友们，不要笑这是十九世纪维多利亚时代的陈腐思想！我们去维多利亚时代还老远哩。欧洲有了十八九世纪的个人主义，造出了无数爱自由过于面包，爱真理过于生命的特立独行之士，方才有今日的文明世界。

现在有人对你们说："牺牲你们个人的自由，去求国家的自由！"我对你们说："争你们个人的自由，便是为国家争自由！争你们自己的人格，便是为国家争人格！自由平等的国家不是一群奴才建造得起来的！"

《科学与人生观序》一篇略述民国十二年的中国思想界里的一场大论战的背景和内容。（我盼望读者能参读《文存三集》里"几个反理学的思想家"的吴敬恒一篇，页一五一——一八六。）在此序的末段，我提出我所谓"自然主义的人生观"（页九二——一九五）。这不过是一个轮廓，我希望少年的朋友们不要仅仅接受这个轮廓，我希望他们能把这十条都拿到科学教室和实验室里去细细证实或否证。

这十条的最后一条是：

根据于生物学及社会学的知识，叫人知道个人——"小我"——是要死灭的，而人类——"大我"——是不死的，不朽的；叫人知道"为全种万世而生活"就是宗教，就是最高的宗教；而那些替个人谋死后的天堂净土的宗教乃是自私自利的宗教。

这个意思在这里说的太简单了，读者容易起误解。所以我把《不朽》一篇收在后面，专说明这一点。

我不信灵魂不朽之说，也不信天堂地狱之说，故我说这个小我是会死灭的。死灭是一切生物的普遍现象，不足怕，也不足惜。但个人自有他的不死不灭的部分：他的一切作为，一切功德罪恶，一切语言行事，无论大小，无论善恶，无论是非，都在那大我上留下不能磨灭的结果和影响。他吐一口痰在地上，也许可以毁灭一村一族。他起一个念头，也许可以引起几十年的血战。他也许"一言可以兴邦，一言可以丧邦"。善亦不朽，恶亦不朽；功盖万世固然不朽，种一担谷子也可以不朽，喝一杯酒，吐一口痰也可以不朽。古人说，"一出言而不敢忘父母，一举足而不敢忘父母。"我们应该说，"说一句话而不敢忘这句话的社会影响，走一步路而不敢忘这步路的社会影响。"这才是对于大我负责任。能如此做，便是道德，便是宗教。

这样说法，并不是推崇社会而抹煞个人。这正是极力抬高个人的重要。个人虽渺小，而他的一言一动都在社会上留下不朽的痕迹，芳不止流百世，臭也不止遗万年，这不是绝对承认个人的重要吗？成功不必在我，也许在我千百年后，但没有我也决不能成功。毒害不必在眼前，"我躬不阅，遑恤我后！"然而我岂能不负这毒害的责任？今日的世界便是我们的祖宗积的德，造的孽。未来的世界全看我们自己积什么德或造什么孽。世界的关键全在我们手里，真如古人说的"任重而道远"，我们岂可错过这绝好的机会，放下这绝重大的担子？

有人对你说，"人生如梦"。就算是一场梦罢，可是你只有这一个做梦的机会。岂可不振作一番，做一个痛痛快快轰轰烈烈的梦？

有人对你说，"人生如戏。"就说是做戏罢，可是，吴稚晖先生说的好，"这唱的是义务戏，自己要好看才唱的；谁便无端的自己扮做跑龙套，辛苦的出台，止算做没有呢？"

其实人生不是梦，也不是戏，是一件最严重的事实。你种谷子，便有人充饥；你种树，便有人砍柴，便有人乘凉；你拆烂污，便有人遭瘟；你放野火，便有人烧死。你种瓜便得瓜，种豆便得豆，种荆棘便得荆棘。少年的朋友们，你爱种什么？你能种什么？

······

十九，十一，二十七晨二时，将离开江南的前一日。胡适。

原载 1930 年 12 月亚东出版《胡适文选》

4. 教育破产的救济方法还是教育

（1934 年 8 月 17 日）

　　我做小孩子的时候，常听见人说这类的话："普鲁士战胜法兰西，不在战场上而在小学校里。"

　　我们中国人有一种最普遍的死症，医书上还没有名字，我姑且叫他做"没有胃口"。无论什么好东西，到了我们嘴里，舌头一舔，刚觉有味，才吞下肚去，就要作呕了。胃口不好，什么美味都只能"浅尝而止"，终不能下咽，所以我们天天皱起眉头，做出苦样子来，说：没有好东西吃！这个病症，看上去很平常，其实是死症。

　　前些年，大家都承认中国需要科学；然而科学还没有进口，早就听见一班妄人高唱"科学破产"了；不久又听见一班妄人高唱"打倒科学"了。前些年，大家又都承认中国需要民主宪政；然而宪政还没有入门，国会只召集过一个，早就听见一班"学者"高唱"议会政治破产"，"民主宪政是资本主义的副产物"了。

　　更奇怪的是今日大家对于教育的不信任。我做小孩子的时候，常听见人说这类的话："普鲁士战胜法兰西，不在战场上而在小学校里。""英国的国旗从日出处飘到日入处，其原因要在英国学堂的足球场上去寻找。"那时的中国人真迷信教育的万能！山东有一个乞丐武训，他终身讨饭，积下钱来就去办小学堂；他开了好几个小学堂，当时全国人都知道"义丐武训"的大名。这件故事，最可以表示那个时代的人对于教育的狂热。民国初元，范源濂等人极力提倡师范教育，他们的见解虽然太偏重"普及"而忽略了"提高"的方面，然而他们还是向来迷信教育救国的一派的代表。民国六年以后，蔡元培等人注意大学教育，他们的弊病恰和前一派相反，他们用全力去做"提高"的事业，却又忽略了教育"普及"的方面。无论如何，范、蔡诸人都还绝对信仰教育是救国的唯一路子。民八至民九，杜威博士在中国各地讲演新教育的原理与方法，也很引起了全国人的注意。那时阎锡山在娘子关内也正在计划山西的普及教育，太原的种种补充小学师资的速成训练班正在极热烈的猛进时期，当时到太原游览参观的人都不能不深刻的感觉山西的一班领袖对于普及教育的狂热。

曾几何时，全国人对于教育好像忽然都冷淡了！渐渐的有人厌恶教育了，渐渐的有人高喊"教育破产"了。

从狂热的迷信教育，变到冷淡的怀疑教育，这里面当然有许多复杂的原因。第一，是教育界自己毁坏他们在国中的信用：自从民八双十节以后北京教育界抬出了"索薪"的大旗来替代了"造新文化"的运动，甚至于不恤教员罢课至一年以上以求达到索薪的目的，从此以后，我们真不能怪国人瞧不起教育界了。第二，是这十年来教育的政治化，使教育变空虚了；往往学校所认为最不满意的人，可以不读书，不做学问，而仅仅靠着活动的能力取得禄位与权力；学校本身又因为政治的不安定，时时发生令人厌恶的风潮。第三，这十几年来（直到最近时期），教育行政的当局无力管理教育，就使私立中学与大学尽量的营业化；往往失业的大学生与留学生，不用什么图书仪器的设备，就可以挂起中学或大学的招牌来招收学生；"野鸡"学校越多，教育的信用当然越低落了。第四，这十几年来，所谓高等教育的机关，添设太快了，国内人才实在不够分配，所以大学地位与程度都降低了，这也是教育招人轻视的一个原因。第五，粗制滥造的毕业生骤然增多了，而社会上的事业不能有同样速度的发展，政府机关又不肯充分采用考试任官的方法，于是"粥少僧多"的现象就成为今日的严重问题，做父兄的，担负了十多年的教育费，眼见子弟拿着文凭寻不到饭碗，当然要埋怨教育本身的失败了。

这许多原因（当然不限于这些），我们都不否认。但我要指出，这种种原因都不够证成教育的破产。事实上，我们今日还只是刚开始试办教育，还只是刚起了一个头，离那现代国家应该有的教育真是去题万里！本来还没有"教育"可说，怎么谈得到"教育破产"？产还没有置，有什么可破？今日高唱"教育破产"的妄人，都只是害了我在上文说的"没有胃口"的病症。他们在一个时代也曾跟着别人喊着要教育，等到刚尝着教育的味儿，他们早就皱起眉头来说教育是吃不得的了！我们只能学耶稣的话来对这种人说："啊！你们这班信心浅薄的人啊！"

我要很诚恳的对全国人诉说：今日中国教育的一切毛病，都由于我们对教育太没有信心，太不注意，太不肯花钱。教育所以"破产"，都因为教育太少了，太不够了。教育的失败，正因为我们今日还不曾真正有教育。

……

欲要救济教育的失败，根本的方法只有用全力扩大那个下层的基础，就是要下决心在最短年限内做到初等义务教育的普及。国家与社会在今日必须拼命扩充初等义务教育，然后可以用助学金和免费的制度，从那绝大多数的青年学生里，选拔那些真有求高等知识的天才的人去升学。受教育的人多了，单有文凭上的资格就不够用了，多数人自然会要求真正的知识与技能了。

这当然是绝大的财政负担，其经费数目的伟大可以骇死今日中央和地方天天叫穷的财政家。但这不是绝不可能的事。在七八年前，谁敢相信中国政府每年能担负四万万元的军费？然而这个巨大的军费数目在今日久已是我们看惯毫不惊讶的事实了！

所以今日最可虑的还不是没有钱，只是我们全国人对于教育没有信心。我们今日必须坚决的信仰：五千万失学儿童的救济比五千架飞机的功效至少要大五万倍！

原载《胡适文存》第 4 集第 4 卷

5. 读经评议

（1937 年 4 月 14 日）

我们绝对的反对小学校读经。这是三十多年来教育家久已定论的问题，不待今日再仔细讨论。

学校读经的问题，傅孟真先生在两年前的大公报星期论文（二十四年四月七日）里曾有很详细的时论。（转载在《独立评论》一四六号）他先从历史上考察，指出三项事实：（一）中国历史上的伟大朝代创业都不靠经学，而后来提倡经学之后，国力往往衰弱；汉唐宋明都是实例。（二）经学在过去的社会里，有装点门面之用，并没有修齐治平的功效；五经的势力在政治上远不如《贞观政要》，在宗教道德上远不如《太上感应篇》。（三）各个时代所谓经学，其实都只是每个时代的哲学；汉宋学者都只是用经学来附会他们自己的时代思想；我们在今日要想根据五经来造这时代哲学是办不到的了。

傅先生又从现在事实上立论，指出两点：（一）现在儿童的小学中学课程已太繁重了，决不可再加上难读的经书了。（二）经过这三百年来的朴学时代，我们今日应该充分承认六经的难读："六经虽在专门家手中也是半懂半不懂的东西，一旦拿来给儿童，教者不是浑沌混过，便要自欺欺人。"

傅孟真先生是经史学根柢最深的人，他来讨论这读经问题，正是专家说内行话，句句值得提倡读经的人仔细考虑。当时我十分赞同傅先生的议论，我也在《独立评论》上（第一四六号）发表了一篇《我们今日还不配读经》（收在胡适论学近著第一集里），特别引申他的最后一段议论。我指出近几十年来的"新经学"的教训是要我们知道古代经书的难读。博学如王国维先生，也不能不承认"以弟之愚暗，于书所不能解者殆十之五，于诗亦十之一二"。

（观堂集林卷一，与友人论诗书中成语）我举了许多例子，说明古经典在今日还正在开始受科学的整理的时期。我当时说：

> 诗，书，易，仪礼，固然有十之五是不能懂的，春秋三传也都有从头整理研究的必要，就是论语孟子也至少有十分之一二是必须经过新经学的整理的。最近一二十年中，学校废止了读经的功课，使得经书的讲授完全脱离了村学究的胡说，渐渐归到专门学者的手里，这是使经学走上科学的路的最重要的条件。二三十年后，新经学的成绩积聚的多了，也许可以稍稍减低那不可懂的部分，也许可以使几部重要的经典都翻译成人人可解的白话，充作一般成人的读物。在今日妄谈读经，或提倡中小学读经，都是无知之谈，不值得通人的一笑。

这都是两年前的老话。不幸我们说的话，提倡读经的文武诸公都不肯垂听。他们偏不肯服从"知之为知之，不知为不知"的古训，很轻率的把几百万儿童的学校课程，体力脑力，都看作他们可以随便逞胸臆支配的事。我们有言责的人，对于这种轻率的行为不能不指摘，对于这种重要的问题不能不郑重讨论。

我现在用很简单的语言，表明我个人对于学校读经问题的见解：

第一，我们绝对的反对小学校读经。这是三十多年来教育家久已定论的问题，不待今日再仔细讨论。小学一律用国语教本，这是国家的法令，任何区域内任何人强迫小学校用古文字的经典教学，就是违背国家法令，破坏教育统一，这是政府应该明令禁止的。何况今日的小学教员自己本来就没有受过读经的教育，如何能教儿童读经？

第二，初中高中的选读古文，本来没有不许选读古经传文字的规定，所以中学教本中，不妨选读古经传中容易了解的文字。今日初中读本往往选《孟子》《论语》《诗经》《左传》《礼记》，高中读本竟有选到《尚书》小雅大雅的。中学选读古经传，有几点必须特别注意：（一）中学选古经传，必须限于那些学者公认为可解的部分。今日有些选本实在选的不妥当，例如傅东华先生的高中国文第一册就选了小雅的《六月》和大雅的《民劳》，这正是王国维先生一流学者认为不易解的部分。（例如民劳的诗的"汔"字，"式"字，傅君皆无注。今年中央研究院丁声树先生发表专文释"式"字，是为此字第一次得着科学的解释。）（二）中学选古经传的文字，与其他子史集部的文字同等，都是把他们看作古人的好文字，都是选来代表一个时代的好文学，都不是"读经"的功课。例如孟子"鱼我所欲也"一章，是最恳切哀艳的美文，无论他是经是传是文集，都应该选读。我们把经史子集里的一切好文章都一律平等看待，使青年学子知道古经传里也有悱恻哀艳的美文，这是引导青年读古经最有效的法门。（三）如果中学生被这些经传美文引诱去读四书诗经等书，教师应该鼓励他们，指示他们的途径，给他们充分的帮助。但我们绝对反对中学有"读经"的专课，因为古经传（包括孝经四书）的大部分是不合现代生活的，是十二岁到十七八岁（中学年龄）的一般孩子们不能充分了解的。我们都是尝过此中甘苦的人，试问我们十几岁时对于"天命之谓性""上天之载无声无臭"一类的话作何了解！我们当时只须读几本官板经书，不妨糟踏一点时间去猜古谜；现在的儿童应该学的东西太多了，他们的精力不可再浪费了！

......

廿六，四，十四夜（四月十八日大公报星期论文）

原载《独立评论》第二三一号（1937 年）

6. 中学生的修养与择业

（1952 年 12 月 27 日在台东县讲）

今天讲的题目，就是："中学生的修养与中学生的择业"。

中学生的修养应注重两点：

一、工具的求得：中学生大概是从十二岁的幼年到十八岁的青年，这个时期是决定他将来最重要的一个时期。求知识与做人、做事的工具，要在这个时期求得。古人说："工欲善其事，必先利其器"，中学生要将来有成就，便应该注意到"求工具"——学业上、事业上，求知识上所需要的工具。求工具的目标有二：一是中学毕业后无力升学要到社会里去就业；一是继续升学。

第一种工具是语言文字。不论就业或升学，以我个人的经验和观察所得，语言文字是最需要的工具。在中学里不仅应该学好本国的语言文字，最好能多学一二种外国的语言文字。它是就业升学的钥匙，能为我们打开知识的门。多学得一种语言，等于辟开一个新的花园、新的世界。语言文字，可以说是中学时期应该求得的工具当中非常重要的了。在中学时期如果没有打好语言文字的基础，以后作学问非常的困难。而且过了这个时期，很少能够把语言文字弄好的。

第二种工具是科学的基本知识。许多人都说学了数学，将来没有什么用处，这是错误的。数学是自然科学重要的钥匙，如果不能把这个重要的钥匙——数学，与物理学、化学、生物学、矿物学、植物学等，在中学时期学好，则不能求得新的知识。所以中学时期最重要的，是把这些基本知识弄好。

青年们在学校里对于各种基本科学，不能当它是功课，是学校课程里面需要的功课，应该把它当成求知识、做学问、做人的工具，必不可少的工具。拿工具这个观念来看课程，课程便活了。拿工具这个观念来批评课程，可以得到一个标准。首先看看哪些功课够得上作工具，并分出哪些功课是求知识做学问的工具，哪些功课是做人的工具。哪些功课是重要，哪些功课是次要。

同时拿工具这个观念来督促自己，来分别轻重缓急先生的教法，也可以拿工具这个观念来衡量，哪种教法是死的笨的，请先生改良；哪些应该特别注重，请先生注意。我这个话，不是叫学生对先生造反，而是请先生以工具来教，不要死板的照课本讲，这样推动先生，可以使得先生从没有精神提起精神，不是造反而是教学相长，不把功课当作功课看，把它当作必须的工具看。拿工具的观念看功课，功课便是活的。这一点也可以说是中学生治学的方法。

二、良好习惯的养成：良好习惯的养成，即普通所谓的人品教育，品性人格的陶冶。教育学家心理学家都告诉我们说：人品性格是习惯的养成，好的品格是好的习惯的养成。中学生是定型的阶段，中学生时期与其注重治学方法，毋宁提倡良好习惯的养成。一个人的坏习惯在中学还可纠正，假使在中学里不能养成良好的习惯，这个人的前途便算完了，在大学里不会是个好学生，在社会里不会是个有用的人才。我愿在这里提醒青年学生们的注意，也请学生的父兄教师们注意。

我们的国家以前专注重文字教育，读书人的指甲蓄得很长，手脸都是白白的，行动是文绉绉的，读书可以从"学而时习之"背诵起，写文章摇摇摆摆地会写出许多好听的词句来，可是他们是无用的，不能动手，也不能动脚，连桌凳有一点坏了，也不能拿起斧头钉子来修理。这种只能背书写文章的读书人就是没有养成良好的习惯——动手动脚的习惯。

我在台湾大学讲"治学方法"时，讲到一个故事：宋时有一新进士请教老前辈做官的秘诀，老前辈告诉他四个字："勤谨和缓"。这四个字，大家称为做官秘诀，我把它看作做人、做事、做学问的秘诀。简单的分别说：

勤，就是不偷懒，不走捷径，要切切实实，辛辛苦苦的去作。要用眼睛的用眼睛，用手的用手，用脚的用脚，先生叫你找材料，你就到应该到的地方去找。叫你找标本，你就到田野，到树林里去找，无论在实验室里，自然界里，都不要偷懒，一点一滴的去作。

谨，就是谨慎，不粗心，不苟且。以江浙的俗话来说，不拆烂污。写汉字，一点、一横都不放过。写外国字，i的一点，t的一横，也一样的不放过。做数学，一个圈，一个小数点都不可苟且。不要以为这是小事情，做事关系天下的大事，做学问关系成败，所以细心谨慎，是必须要养成的习惯。

和，就是不要发脾气，不要武断。要虚心，要和和平平。什么叫做虚心？脑筋不存成见，不以成见来观察事，不以成见来对待人。就做学问来说：要以心平气和的态度来学化学，数学，历史，地理，并以心平气和的态度来学语文。无论对事、对人、对物、对问题、对真理，完全是虚心的，这叫做和。

缓，这个字很重要，"缓"的意思不要忙，不轻易下一个结论。如果没有缓的习惯，前面三个字都不容易做到。譬如找证据，这是很难的工作，如果要几点钟缴卷，就不能作到"勤"的工夫。忙于完成，证据不够，不管它了，这样就不能做到"谨"的工夫。匆匆忙忙的去作，当然不能做到"和"的工夫。所以证据不够，应该悬而不断，就是姑且挂在那里。悬而不断，并不是叫你搁下来不管，是要你勤，要谨，要你和。缓，就是南方人说的"凉凉去吧"，缓的意思，是要等着找到了充分的证据，然后根据事实来下判断。无论做学问、做事、做官、做议员，都是一样的。大家知道治花柳病的名药"六〇六"吧？什么叫"六〇六"呢？经过六百零六次的试验才成功的。"九一四"则试验了九百一十四次。达尔文的生物进化论认为，动植物的生存进化与环境有绝大的关系，也费了三十年的工夫，到四海去搜集标本和研究，并与朋友们往复讨论。朋友们都劝他发表，他仍然不肯。后来英国皇家学会收到另一位科学家华莱士的论文，其结论与达尔文的一样，朋友们才逼着达尔文把研究的结论公布，并提出与朋友们讨论的信件，来证明他早已获得结论，于是皇家学会才决定同华莱士的论文同时发表，达尔文这种持重的态度，不是缺点，是美德，这也是科学史上勤谨和缓的实例。值得我们去想想，作为榜样，尤其青年学生们要在中学里便养成这种好习惯。有了这种好习惯，无论是做人做事做学问，将来不怕没有成就。

中学生高中毕业后，面临的问题是继续升学或到社会去找职业。升学应如何选科或到社会去应如何择业？简单的说，有两个标准：

一、社会的标准　社会上所需要的，最易发财的，最时髦的是什么？这便是社会的标准。台湾大学钱校长告诉我说，今年台大招生，投考学生中外文成绩好的都投考工学院，尤其是考电机工程、机械工程的特多，考文史的则很少，因为目前社会需要工程师，学成后容易得到职业而且待遇好。这种情形，在外国也是一样的，外国最吃香的学科是原子能、物理学和航空工程，干这一行的，最受欢迎，最受优待。

二、个人的标准　所谓个人的标准，就是个人的兴趣、性情、天才近哪门学科，适于哪一行业。简单的说，能干什么。社会上需要工程师，学工程的固不忧失业，但个人的性情志趣是否与工程相合？父母兄长爱人都希望你学工程，而你的性情志趣，甚至天才，却近于诗词，小说，戏剧，文学，你如迁就父母兄长爱人之所好而去学工程，结果工程界里多了一个饭桶，国家社会失去一个第一流的诗人、小说家、文学家、戏剧学家，不是可惜了吗？所以个人的标准比社会的标准重要。因为社会标准所需要的太多，中国人常说社会职业有三百六十行，这是以前的说法，现在何止三百六十行，也许三千六百行，三万六千行都有，三千六百行，三万六千行，行行都需要。社会上需要建筑工程师，需要水利工程师，需要电力工程师，也需要大诗人、大美术家、大法学家、大政治家，同时也需要做新式马桶的工人。能做新式马桶的，照样可以发财。社会上三万六千行，既是行行都需要，一个人决不可能会做每行的事，顶多会二三行，普通都只能会一行的。在这种情形之下，试问是社会的标准重要，还是个人的标准重要？当然是个人的重要！因此选科择业不要太注重社会上的需要，更不要迁就父母兄长爱人的所好。爸爸要你学赚钱的职业，妈妈要你学时髦的职业，爱人要你学社会上有地位的职业，你都不要管他，只问你自己的性情近乎什么？自己的天才力量能做什么？配做什么？要根据这些来决定。

历史上在这一方面，有很好的例子。意大利的伽俐略是科学的老祖宗，是新的天文学家，新的物理学家的老祖宗。他的父亲是一个数学家，当时学数学的人很倒霉。在伽俐略进大学的时候（三百多年前），他父亲因不喜欢数学，所以要他学医，可是他读医科，毫无兴趣，朋友们以他的绘画还不坏，认为他有美术天才，劝他改学美术，他自己也颇以为然。有一天他偶然走过雷积教授替公爵府里面作事的人补习几何学的课室，便去偷听，竟大感兴趣，于是医学不学了，画也不学了，改学他父亲不喜欢的数学。后来替全世界创立了新的天文学、新的物理学，这两门学问都建筑于数学之上。

原载《胡适演讲集》（二）

（本辑文章选自《胡适教育论著选》，人民教育出版社，1994 年 7 月版）

张伯苓

公能教育思想

张伯苓（1876—1951），名寿春，天津人。我国近现代著名教育家。

张伯苓 6 岁入私塾读书，15 岁考入北洋水师学堂航海科，学习近代科学知识，1894 年学毕课业。曾参加甲午海战，目睹清政府腐败无能和帝国主义列强对中国的欺凌，立志兴办教育，用爱国精神和科学知识教育青年，以达到抵御外侮、振兴中华的目的。1898 年从严修家馆起讲授西学。1903、1904年两度考察日本教育，遂成立"私立中学堂"，1907 年迁校后改名"南开中学堂"。1908 年秋，赴美参加第四次世界渔业大会并考察欧美教育。1912 年 7月出席中华民国临时政府教育部召开的全国临时教育会议，任副会长。1917年 3 月赴美入哥伦比亚大学师范学院进修。回国后，相继创办南开大学、南开女中、南开小学和重庆南开中学，担任校长四十余年，为国家培育了众多杰出人才。1937 年，南开大学、北京大学和清华大学组成西南联合大学，张伯苓为学校常委之一。1938 年担任国民参政会副议长。1948 年 6 月出任南京国民政府考试院院长。1949 年 11 月底重庆解放前夕留守大陆。1951 年 2 月在天津病逝。

张伯苓在南开办学实践中着力提倡"公能教育"。1934 年，在南开创办三十周年校庆纪念会上，张伯苓正式宣布"公""能"为南开校训，南开精神即"允公允能，日新月异"。他详细阐述道："允公，是大公，而不是什么小公，小公只不过是本位主义而已，算不得什么公了。惟其允公才能高瞻远瞩，正己教人，发扬集体主义的爱国思想，消灭自私的本位主义。""允能者，是要做到最能。要建设现代化国家，要有现代化的科学才能。而南开学校的教育目的，就在于培养具有现代化才能的学生，不仅要求具备现代化的理论才能，并且要具有实际工作的能力。"因此，张伯苓特别重视学生的德育工作，注重为公、爱国、诚实、合作等品德教育，创造了"修身班"的形式，每周三集合学生，由校长、老师或延请名人学者为学生讲演，熏陶学生。

张伯苓十分重视学生的人格教育。他认为："研究学问，固然要紧，而熏陶人格，尤其是根本。"他把人格的培养归纳为五个方面：立志，敦品，勤勉，虚心，诚意。为培养学生的文明行为，张伯苓专门在校门的一侧设立一面整容镜，使学生出入校门有所儆戒。

张伯苓重视教育与社会的关系。他主张教育要适应社会需要，中国教育要认识中国，服务中国，以中国历史、中国社会为背景，以解决中国社会问题为目标。他针对中国愚、弱、散、私的国民状况，希望通过教育为社会培养"新国民"，为国家培养救国的各种领袖人才，以御外侮。他针对旧式教育重士轻工、崇尚空谈的弊端，实行分文、理、商三科，实现"以文治国，以理强国，以商富国"的培养干才的办学目标。他针对学生容易脱离社会脱离实际的现象，十分重视开展戏剧、出版、社团、体育和社会调查等各项课外活动，强调学生要亲自接触自然，认识社会，组织学生进行野外旅行和社会调查，认识自然、了解社会和国情，并且把它定为"社会视察和调查"正式课程。他把"日新月异"列为校训内容，就是要每个学生不但接受新事物，而且还要能成为新事物的创始者；不但能赶上新时代，而且还要能走在时代的前列。从南开学校走出一批享誉世界的政治家、科学家和文艺家，和张伯苓高瞻远瞩的办学视野和胸襟是分不开的。

张伯苓高度重视学校体育。他主张以教育来改造中国，但中心是"改造她的道德，改造她的知识，改造她的体魄""教育如果没有体育，教育就不完全""不懂得体育的人，不宜当校长"。他认为"在德、智、体三育之中，我国人最差的是体育"，"强国必先强种，强种必先强身"，主张"强我种族，体育为先"。因此，他对学生的体育锻炼，倾注了极大心血。他大声疾呼："南开学生的体质，决不能象现在一般人那样虚弱，要健壮起来。"为了强身，张伯苓十分注意体育教育的普及，在学校的各年级均设体育课，每周两小时；他重视运动队的培养，校内涌现出不少优秀的运动选手和实力雄厚的运动代表队。他同时是我国首届全国运动会的发起人和组织者之一，还是远东运动会的发起人之一，并担任多届远东运动会的总裁判和中国总领队。张伯苓一生不遗余力地提倡体育，始终把学生身体健康作为学校一切工作的出发点，体现了他对体育在培养全面发展人才教育中重要性的深刻认识。

1. 南开学校的教育宗旨和方法

（1916 年 1 月 19 日）

本校教授管理……惟在引导学生之自动力而已。诸位先生倡之，老学生行之，新学生效之，无须个个提耳谆嘱也。而精神则在"诚"字、"真"字、"信"字。

（一）南开学校教育宗旨及其教授管理之方法

凡事必有一定宗旨，然后纲举目张，左右逢源。本校教育宗旨，系造就学生将来能通力合作，互相扶持，成为活泼勤奋、自治治人之一般人才。英语所谓 Cooperative human being 者是也。欲达此目的，不可不有适宜之办法。前山东师范生来本校参观，在思敏室茶话。席间有以本校教授管理之方法相询者。余当时曾设譬答之，谓如幼稚园之幼稚生然，唱歌时每须举动其手足。为之保姆者，不过略一指点。其前列聪颖之幼稚生，立时领悟，余者即自知如法仿效，无须事事人人，皆须保姆为之也。本校教授管理亦无以异是。惟在引导学生之自动力而已。诸位先生倡之，老学生行之，新学生效之，无须个个提耳谆嘱也。而精神则在"诚"字、"真"字、"信"字。本校至今办理小有效果者，恃有此耳。诸生日日灌溉此精神之中，亦知之乎？汝等新来诸生，亦当如幼稚生之视其前列聪颖者之举动，而注目先来诸生之勤苦者之举动，特汝等现在程度，远非幼稚生之比，则努力进步，应亦较幼稚生为甚，如此作去，则九百余人之教授管理，殊易易也。

（二）爱学校

人为万物之灵，而不能如草木之孤立为生。在昔原人时代，人之生也，只知有母，其后人类进步，而有父母兄弟。以中国习俗言，尚有祖父母、伯叔等等诸关系。此种组织 institution 是曰"家庭"。然家庭系血统的联属，自然相爱。再进，人不能不求知识，为涉世之预备，于是离家庭、入学校，等而上之为社会、为国家。凡在一种组织之中，则己身为一分子，member 一言一动莫不与全体有密切关系。对于社会国家，今姑勿论，而但言学校。学校系先生、学生与夫役三部所合成。其目的则造成德育、智育、体育完全发达，而能自治治人、通力合作之一般人才，以应时势之需要。诸生须知既为学校中之一分子，则汝实栖息于此全体之中。学校而良善，汝亦随之以受益；汝而良善，学校亦随之与有荣。反言之，学校而有缺点，汝亦不完；汝而有败行，学校亦玷污。利害相关，休戚与共。

夫狭义之言学校，则课读而已；广义之言学校，则教之为人。何以为人？则第一当知爱国。今人莫知我国国民爱国心薄弱，欲他日爱国则现在宜爱校，既同处一校则相与关切至密，亦既言之矣！故须相爱，以相助相成，其理由至易明瞭。然则如何用其爱，第一对于人，有师长、有同学、有夫役，余不敢谓本校诸位先生如何特别优尚，惟余生平任事数校，求如本校诸位先生之一致、之认真、之热心，并以余暇竭力扶助学生诸般之自治事业，殆属绝无仅有。吾向以中国前途一线光明，舍振兴教育外无他术。今得如许同志协心同德，将来当不无成就也。诸生知有人敬爱汝，则汝必思厚报之。今诸生能敬爱诸位先生，则诸位先生亦自更加精神，以惠爱答之也。然教育非如贸易者，以一文之价来，必以一文之物去，硁硁然不肯溢利与我也。且师长对于学生，莫不勉力扶植之，而对于资质稍次者为尤甚，表面似恨之，其实则竭力成全如恐不及。诸生切勿误会此意，对师长要爱，对于同学尤要爱。诸生试思，在家兄弟最多六七人已不易得，今在学校则九百余众，是皆异姓兄弟也。在家兄弟少，在校兄弟多，则在校兄弟之乐，自亦较大于在家兄弟之乐也。且在校同学一语良言，其益往往过于师长终日强聒，盖相习既久，长短互现，无隔靴搔痒之谈，多对症下药之论，收效之易自无待言。交友不必酒食徵逐，须择规过劝善之真能益我者。然语云："无友不如己者"。西语亦有云：Birds of a feather flock together（喻人以类聚也）。优尚者与优尚者处我虽欲得益友，奈益友之不以我为友。何曰此，惟在汝自处如何耳！汝日日进步，则益友不求自至矣！自爱爱人，人安得不汝爱乎？今再言夫役，余生平之仆役，自为学生至于今日，无一人不忠顺于我者，此何以故？无他，以人待之耳。世人往往以奴仆为次于平人一等，至目之为禽兽，随自己之喜怒以横虐之，不知彼亦人也。汝不以人待之，彼亦不以己为有人格，渐渐无所不为矣！尚欲其忠顺得乎？若能以严正驭之，而加以仁慈使知自爱，既知自爱，夫何不忠顺之有？

以上言在学校对于人之爱。兹复言对于物之爱，爱物亦公德也。公德心之大者为爱国家，为爱世界。在校先能爱物，而后始可望扩而大之。至于国家、世界、校中桌椅，非汝之所有，亦非我之所有，推而至于书籍、图报、讲室、斋舍、食堂、厕所、球场，亦皆非汝与我之所专有，而为学校之所公有。我所有者不过其一分，一方面既为我之一分，则我之物我爱而保存之，固宜一方面为众人之所公有，则众人我所爱也。爱其人自亦不应毁其物，如偶或损坏，务要到会计室自行声明，照价赔偿，不可佯为不知。因微物有价而人品无价，毁物不偿所省有几，而汝之人品全失。失无价之人品，余有限之微资，勿乃自贬太甚乎？同学见有此等事，应为立即举发，因彼所毁之物亦有汝之一分也。然此物之有形者也，尚有无形者，为团体精神与全校名誉。本校出版之诸种报纸、杂志，如《校风》、《敬业》、《英文季报》及未出版之《励学》等，皆团体精神也。较物质百倍可贵，则维持之、发扬之，应尽其力之所能及。至于全校名誉，其良否皆与尔各个人有关（理详上），则尤所不可忽也。

本文为"校长修身讲演录"，由孙繁霱笔录，据《校风》第 18 期（1916年 1 月 24 日）

2. 中国人所最缺者为体育

（1916 年 5 月 10 日）

德智体三育之中，我中国人所最缺者为体育。

我校运动会今已毕矣。余今日即藉此题讲演，因此事近且亲切，当较讲数千年前之经传为有意味也。

德智体三育之中，我中国人所最缺者为体育。欧美之道德多高尚，公德与私德并重。我国人素重私德而于公德则多疏忽，近则于公德亦渐知讲求矣。欧美人之知识发达，学术皆按科学之理得来。我国人固望尘莫及，然其学术发达之年代尚不为久，我国人竭力追之，犹可及也。至体魄，则勿论欧美，与日本人较，已相差远矣！

去岁，袁观澜先生观天津联合运动会，甚以为善。在教育部中竭力提倡课外运动，良以中国人之身体软弱以读书人为甚，往昔之宽袍大袖者皆读书人也。今日学校生徒，若非提倡运动，其软弱亦犹昔耳。

我校运动会取普及主义。近两年来改计分法，上场人甚多，而成绩亦美。今年有数门之成绩尚较去岁华北运动会为优者，可见竞争之效也。

此次运动会，有新学生数人进步甚速，而旧学生反有失败者，此因其自满与不自满之故耳。凡人作事切忌自满。自满者作事不成功之兆也。汝等不可自满，生存一日，即应求一日之进步。

竞争时，或因好胜之心过大，而不免有不正当之举动，此最宜切戒者也。即使用不正当之法，幸能胜人，而于道德已有碍矣。大凡有真才能者，必不肯用不正当之法以求胜人，如郭毓彬赛跑，纯恃其双足之力致胜。唐人咏虢国夫人诗云："却嫌脂粉污颜色，淡扫娥眉朝至尊。"貌美者，不藉修饰也。

某女校禁止学生修饰，某生不从，修饰甚力，问之则曰："吾貌陋，非修饰不足以掩丑也。"然不自知愈修饰愈见其丑也。运动者而求以不正当之法胜人，必其自无才能，亦彼女生之类也。

有几班跃高，好择竿之弯者而用之，曰以前某班即如此也。噫！是何言欤？在校见他人用弯竿，己遂效之，而不问用弯竿之正当否也，则他日出学校入社会人皆用弯竿，尚能望其独用直竿也乎？曰人用弯竿，而我用直竿我岂非傻哉？曰：然。欲成事者，须带有三分傻气。人惟有所不为也，而后可以有为。不问事之当否，而人为亦为，滔滔者皆是也。汝等若亦知此得处之道，则可出校入今之社会矣。见他人用弯竿，而己遂效之，此种事所谓引诱也，当力绝之。且夫用弯竿之易于多得分数，不难明也。虽小儿亦皆知之。汝用弯竿，人岂遂谓汝智乎！亦缺三分傻气已耳。

凡欺人者，即幸能欺其所欺之人，亦必失信于其旁观者，自损名誉，难逃人眼。若二人合谋欺一人者，其后必自相争，虽一时巧弄谲诈，使人莫我知，终亦未有不声闻于外者。林肯有云："虚诈可欺少数人而不能欺全世界；可欺人于一时，而不能欺人于永久。"其言信然。虚诈之事，一旦发露，人将群起而攻之，可不惧哉！人思至此而犹不急退自返者，是在知识为不足，在道德为软弱也。

人人具好争心。教育家善导之，使趋于正，则所争无往而非善也。苟一不慎，而稍事放任，则所争易出规矩之外。本校开运动会时，各班皆力争第一，宜也。然二十余班，不能皆得第一，终必有失败者。失败之后，尤须加意练习，毋得因是沮丧也。西人有言：为赢易，为输难。输非难也，输而能不自馁，不尤人斯难耳。凡成事者，中途必受折磨，须胜过此种阻力，不因失败而灰心，而后始有成功之一日。此种精神，为中国少年人所最要者，汝等共勉之。

此次运动会计分新章，不完全之处甚多，如各班分数，均以人数平均。是于学生告假多之班，甚不利焉。后当重修定之。告假至若干日以上，则不计其分。

本文为"校长修身讲演录"，由陈裕祺记录，据《校风》第 30、31 期（1916 年 5 月 15、22 日）

3. 以社会之进步为教育之目的

(1919 年 2 月 12 日)

夫教育目的，不能仅在个人。当日多在造成个人为圣为贤，而今教育之最要目的，在谋全社会的进步。

开学之始，曾以活、动、长、进四字相勉。而今合起来论此四字，不过单就个人的长进而言。

夫教育目的，不能仅在个人。当日多在造成个人为圣为贤，而今教育之最要目的，在谋全社会的进步。

诸生当听过进化诸说。下等动物长为高等动物，高等动物进而为人。人再长，又分为二项：一为心理的长进，Psychologieally，一为社会的或合群的长进 Sociologically。

人同人组合起来，其效用能力之大，自非一人可比。现在世界何国最强？其原因何在？一至其国，便可了然。其最大的原因，就是比我们齐，亦如一家哥们兄弟均不相下。若一家只仗一人，则相差太多。社会国家同是一理。所以，近来教育家不仅注重个人长进，并注重社会的长进。Social end 不仅在心理的长进，而在多数人的齐进。因为社会乃个人联合而成者，若社会不进，则居此间之个人，亦绝难长进。是以个人强，可以助社会长；社会长，亦可以助个人强。是二者当相提并论，不容偏重者。

现在西洋人对于教育青年，均使之有一种社会的自觉心 Social conscious-ness，而吾国多数人尚未脱家族观念，遇公共事则淡然视之。

予前去北京，于车中见有以免票私相售受者，何其不知公共心一至于是耶？彼以铁路为公家者，但能自己得利，则虽损坏公共利益，亦无所顾及，而旁坐诸人，亦以此非自己之事，故不过问，亦不关心，若此情形，实为社会流毒 Social Evils。细考京奉、津浦各路间，此类事殊不少见，似此流毒究竟责在谁人？吾以为虽有强政府，有能力之总统，严厉之法律，有组织之路局，亦不能铲除净尽也！惟有国民社会的自觉心可制此毒。舆论力攻，众目不容，以此对于公共事业之非理举动，即对吾等个个人之举动，有伤于吾个个之权利，则若斯流毒，无待总统法律，自然消灭于无形。国民社会自觉心，诚有不可及之效力。

在京见美国公使，谓国人近来能得钱者，发财后多退入租界，是诚可耻之事，而舆论亦不攻击，甚有争相仿效，以不及为可辱者，真是怪事。而予窃不以为怪，因其所以如是者无他，国民的社会自觉心，Social consciousness 未长起来耳。

今者时间有限，姑不多论。即就所以长进社会自觉心，而能谋全社会进步的方法上着想，则须于改换普通道德标准上有所商榷。

若不骂人、不偷、不怒、不谎、不得罪于人等事，先时多谓此为道德很高，然而此为消极的，于今不能谓此为道德。盖彼者，不过无疵而已，于社会虽有若无。今因于社会进步上着想，吾等当另定道德标准，谓"凡人能于社会公共事业，尽力愈大者，其道德愈高。否则，无道德可言。易言之，即凡于社会上有效劳之能力者，Social effeciency 则有道德。否则无道德。"若斯数语，包含无限道理。愿诸生用为量人量己之尺，相染成风，使社会上渐渐均用此尺度己，亦用此尺量人，则去所谓社会自觉心，社会进步者不远矣。

然而徒知此理，于社会毫无所用。先时教育多尚空谈，殊觉无用，若无实习，恐且有害。美国某教育博士会谈笑话，谓有函授学堂教人泅泳，学者毕业后投身水中，实行泅泳，竟至溺死。此喻仅知理论而无实验之害，诚足惊人。诸生欲按此尺而为道德高尚之人，幸勿仅求理论，更当于己身所在之社会，实在有所效用。于此先小作练习，至大社会时，自然游刃有余。所谓己身所在之社会，对诸生言，如班、如会、如校、如各种组织均是。予此二次所言者，即教育着重个人的长进，更须着重社会的进步。

本文是张伯苓在修身班上的演说志要，由幸蒙记录，据《校风》第 117 期（1919 年 3 月 18 日）

4. 本校教育政策

（1919年3月5日）

本校要师生合起来，去达到两项相联属的目的。这就是本校的精神，亦可说是本校教育政策。这两项就是"理解"跟"自由"。

上星期六晚，曾到校内校外，各处宿舍看看，若干的少年人从远方来，在这里求学。要是有年纪长的人，常常同他们谈谈，可以帮助他们长进，亦可使他们安慰快乐。可惜近来校中人太多，无法一一亲近。在当初二三百人时，予于全校学生，都能认识，并可略道其家中事。

该晚与学生谈时很乐。见他离家来此，颇有志气。以前所谓各省的学生，大半都是各省的人，寄居京津的。而近来从安徽、山东、山西、广东、江浙等省各处来的学生，多半是由本省一直投入本校。这些人都能舍家远游，必定有志气。家里肯供给到此来读书，必定有造就，所以愈看愈乐。我就问他们各处的学生，因为什么到这儿来？有好些人就说，他本省学校办的不好。这些人既然来到本校，志气极高，将来必有为领袖的机会。其中虽有一二人目的未定，然而有目的实居多数。其目的都是很可尊重的。

诸生既到本校来，须知本校亦有本校目的。人类所以比他类强的，就是他能可以用方法，去达到他的目的。本校要师生合起来，去达到两项相联属的目的。这就是本校的精神，亦可说是本校教育政策。这两项就是"理解"跟"自由"。

所谓"理解"者，即一切事，不使学生专仗先生去推。当认清理解，自己去行。意在造出一班自动的人来。果能按理解去自动，即完全给以"自由"。近来自由几为社会的诟病。然而予不但不以为病且欲多讲育。怕者无理解的自由。若有理解，何故不给人自由呢?!

本文是张伯苓在南开学校修身班的演讲，由幸蒙记录，据《校风》第 119 期（1919 年 3 月 31 日）

5. 教育为改造中国之根本办法

(1924年12月14日)

欲积极的刷新中国，根本方法，在先改变人民，欲改变人民，则必赖乎教育。

处于此等风雨飘摇之时局，欲求能平心静气从事于事业，实为不可能之事实。以本校论之，本年来已阅大险二次。其一，非直接关于时局者，为夏间之水患。其二，为东北战争。此二险皆幸得脱免，既未致受淹，又未致停课或被占为病院。此两险难，方庆已过，而又有一尤关全校命脉之经济困窘问题，临于吾人之眼前。考本校全部经费入源，向皆赖学费、地租、省款、公债及财部之助款；与出路相抵，每年辄患不足，约亏数万元之多。现当如此时局，不仅设法筹款不可能，即应得之款项，亦受影响，较往日减少矣。处此艰难，办事人之苦痛当可想见，然吾人仍当积极设法，无论如何不能使学校陷入停办之末路也。

此次政变之成绩，自表面观之，约有三项：

（一）历年来武力统一之迷梦，从此当稍警醒。今之执政昔曾因恃武力谋统一，而遭失败。晦迹数年，回首前尘，必有所悔悟；且兹次得政，并非得自武力，其不主张以力征经营，实可断言。至于现之握军符者，鉴于某大军阀之前辙，亦必有所警惕，不致再轻用武力；即使尚有之，在实际上恐亦难办到。盖欲启战争，对于其部下，必有所利诱，始能得其死力；此历年来内争所得之定理。现之奉军，固战胜矣；所得者几何？不徒无利可得，现且将从事于裁减矣。如此，尚望其能侵略南疆耶？

（二）吾国人素有不问国事之劣点，经此次大乱，当亦有所改正。内乱纷纭，虽非国家之好现象，但一班醉生梦死之国民，受如此苦痛切肤之刺激，当可醒悟矣。

（三）手握三民主义旗帜，奔走革命四十年之国民党魁孙逸仙，自满清末叶，直至今日，即时立于国民前方，呐喊提倡国家改革，种族应自立。满清既已倒矣，军阀为国家之害虫经此次战事，现已稍见铲除矣。目的稍达，而国家已糜烂如此，其方针岂不当变移？闻该党现已改变目的，由对内之改革，移为打倒国际帝国主义之计划。为如斯亦吾国前途之曙光也。

总之，此次政变所收之效果，消极方面，不过国民由此稍有所觉悟；积极方面之建设则未有也。然吾人决不能因有消极之觉悟，即自以为足，此后仍当合心努力于积极的建设。欲积极的刷新中国，根本方法，在先改变人民，欲改变人民，则必赖乎教育。信教育可救国者，非无其人，而至今无努力从事之者。其故有二：（1）处于国势紊乱，外国帝国主义侵凌之下，教育无发展之余地。（2）教育固属重要，然其为用甚缓，非旦夕所能获效者。虽然，此不过无志者之言。惟其艰难，惟其纡缓，吾人益当振奋斗之精神，刚毅之魄力，以从事之。盖一极重要而极难收效之事，欲不历种种艰险，而平易得之者，自古及今，未之见也。

以上所言，为欲使国人觉悟教育为改造中国之根本办法，现缩小范围，论及本校。

本校之寿命，本年已届二十载。建设前六年，已为胚胎时代。余时在北洋水师，感触种种国耻，知我之不如彼者，由于我之个人不如彼之个人。故欲改革国家，必先改革个人；如何改革个人？唯一方法，厥为教育。

欲教育发生实效，必注意两点：（一）普遍，（二）专。然此等云云，在初行改革之幼稚国家，欲能办到，谈何容易！苟欲行之，亦当先自小处做起。先做出良好成绩，使社会知教育之重要，然后始有普遍及专精之可能也。此等责任，私立学校当负之。此余之所以辛苦经营，而有本校之诞生。二十年来，时势屡有变更，吾校亦屡经困厄。而卒邀幸运得不致停办，不徒不致停办，且蒸蒸进行，一日千里。此其发达原因，不外以下三者：

（一）信——认定某一事业，始终以之不半途放弃，此信之谓也。

（二）永变——方法不变，虽宗旨甚佳，亦不免于守旧，且有碍于进步。

吾人宗旨固始终保持，不肯放弃；而进行方法则时时改变，务使其收利益多。

（三）专——此项为一切事业成功之要素。抱定某一目的，竭毕生之精神，派刚毅之魄力，猛勇赴之。虽以身殉，不惜也；虽以利诱，不顾也。此等精神，苟能得之，无论用于何种事业，其成功必甚伟大。

此三点，为本校能有今日之原因，为余办教育所持之利器，亦为办一切事业之必需条件也。

本文是张伯苓在南开中学初中第14次集会上的讲话，由邵存民记录，据《南开周刊》第109期（1924年12月22日）

6. 学生应以德智体三事为自立基础

（1930 年 9 月 23 日）

南开的教育宗旨在使学生"自动","自觉",自负责任以求上进。

远方学生不惮跋涉，来此求学，非专为师长良好，设备较优，实以南开的教育宗旨在使学生"自动","自觉",自负责任以求上进；于是造成一种良好校风，而全校学生于不觉不知中随之亦好。所要者诸生在校能自立，到社会里去更须不为环境所动移。值此求学时期，诸生当以道德，身体，知识三事为自立基础。

青年在预备时期如知识之增进，身体之锻炼，道德之修养，三者须同时并进。深望诸生勿以等闲视之。

本文为张伯苓在南开礼堂初二年级集会上的讲演，据《南开双周》第 6 卷第 2 期（1930 年 10 月 17 日）

7. 今后之我国体育

（1932年2月6日）

运动的标准，不应该集中在"大会"的竞赛和锦标的夺得。应当视若日常生活的一种习惯，常常练习，使技术精绝出众。对身心两方面，应当同时注意。

时代永久向前的迈进着。恕我用句术语，世界各国又是努力着创造各种事业的新纪录。可悲的是我老大的祖国，年年是混乱，样样是不长进，真正令人惭愧！

别的不说，只谈体育。因为她是多少和我发生过关系的。自民元到现在，中国有志之士，天天喊呐着"提倡体育"，"振兴体育"，"介绍运动"——到得时局一紧张，国势一危急，连"体育救国"的口号，亦高声的叫起来了，但从另外方面看看事实的证据，又是怎样呢？

好，且提今春在美举行的沃灵匹克世界运动会来说罢，英法美德的努力，不用说了，新兴的东邻，亦在报章上大宣特宣的预想着他们可以夺定的几种锦标呢。中国很自傲的，意谓足球是有把握的，但连报名却还没有资格，遑论比赛了。

但话又得说回来了，体育事业的办得没有成绩，并不是我国"唯一"的乏脸事体，但我们终得常常追念往事，才能成功于将来呢？所以要谈到"今后之中国体育"，非把年来观察所及，各种认为缺憾的地方，提出来讨论不可。

第一，我意以为运动的范围，不宜限于学校，应该推而广之，须普遍于全社会，使它有社会性才对。换句话说，即是社会的农工商各界，都要自己出些款，皆凑和人才来，组织业余团体，常比赛，多练习。

第二，我意以为运动的标准，不应该集中在"大会"的竞赛和锦标的夺得。应当视若日常生活的一种习惯，常常练习，使技术精绝出众。对身心两方面，应当同时注意。

第三，我既把运动的标准，这样的严格地定了，反之，我对于它的宗旨，读者一定也可想见是极单纯而明显的，就是尽己之所能，不断地求技术的烂熟。按部就班，脚踏实地的去做，对于现下青年男女，以此当作一种"时髦"或"虚浮"，我是绝断不赞成的。

第四，去了运动的范围，标准和宗旨，再从微细的方面考察，觉得观众的程度，却实在太浅薄了，给甲方助兴的观众，常常在乙方失败的时候，加以恶意的喝采（所谓喊倒好）。加之，国内近年，竟发现了许多观众殴打裁判员的事，这更是中国体育界的不幸，我们应当注意和改正才好。

第五，末了，我意以为运动之振兴，虽赖人民的自动奋发，但正确的宣传，是更不可少的，现在天津几位热心体育的同志，倡办是刊，想对于这点，认识一定非常清楚。希望大家努力，为我国体育界放一异彩。最后，我对于各运动员，希望他们要身脑并用，道德和技术并重，则将来中国的体育发达，是非常有希望的。

据《体育周报》创刊号（1932 年 2 月 6 日）

8. 四十年南开学校之回顾（节选）

（1944年10月17日）

惟"公"故能化私，化散，爱护团体，有为公牺牲之精神；惟"能"故能去愚，去弱，团结合作，有为公服务之能力。

绪　言

本年十月十七日，为南开学校四十周年纪念日。校友及同人金以胜利在望，复校有期，值此负有悠久光荣历史之纪念日，允宜特辑专刊，一以载过去艰难缔造之经过，一以示扩大庆祝之热忱！属苓为文纪念，爰撰斯篇，以寄所怀。

南开学校成立于逊清光绪三十年（公元一九○四年），迄今已四十年矣！此四十年中，苓主持校务，擘划经营，始终未懈，以故校舍日益扩展，设备日益充实，学生日益众多，而毕业校友亦各能展其所长，为国服务。凡我同人同学，值此校庆佳节，衷心定多快慰！而对于四十年来，为学校服务之同人，爱护学校之校友，与夫赞助学校之政府长官及社会各方人士，尤应致其莫大之谢忱！盖私人经营之学校，其经济毫无来源，其事业毫无凭借，非得教育同志之负责合作，在校或出校校友之热烈爱护，与夫政府及社会各方之赞助与扶持，决不能奠定基础而日渐滋长也！南开学校四十年之发展，岂偶然哉！

兹当南开四十周年校庆佳日，吾人回顾已往之奋斗陈迹，展望未来之复校工作，既感社会之厚我，倍觉职责之重大。爰将南开创校动机，办学目的，及工作发展经过，作一总检讨，分述于下。

一、创校动机

南开学校之创办人，为严范孙先生。先生名修，字范孙，为清名翰林。为人持己清廉，守正不阿。戊戌政变前，任贵州学政，首以奏请废科举，开经济特科，有声于时。政变后，致仕家居。目击当时国势阽危，外侮日急，辄以为中国欲图自强，非变法维新不可，而变法维新，又非从创办新教育不可。其忧时悲世之怀，完全出乎至诚。凡与之交者，莫不为之感动。

光绪二十三年，英人继德、俄之后，强租我威海卫，清廷力不能拒，允之。威海卫于甲午战时，为日人占据，至是交还，政府派通济轮前往接收，移交英国。其时苓适毕业于北洋水师学堂，在通济轮上服务，亲身参与其事，目睹国帜三易（按：接收时，先下日旗，后升国旗，隔一日，改悬英旗），悲愤填胸，深受刺戟！念国家积弱至此，苟不自强，奚以图存，而自强之道，端在教育。创办新教育，造就新人才，及苓将终身从事教育之救国志愿，即肇始于此时。

翌年，苓离船，接严先生之聘，主持严氏家塾。严先生与苓同受国难严重之刺戟，共发教育救国之宏愿，六年后（清光绪三十年十月），严氏家塾乃扩充为中学，此南开学校创立之缘起也。

二、办学目的

南开学校系因国难而产生，故其办学目的，旨在痛矫时弊，育才救国。窃以为我中华民族之大病，约有五端。首曰"愚"，千余年来，国人深中八股文之余毒，民性保守，不求进步。又教育不普及，人民多愚昧无知，缺乏科学知识，充满迷信观念。次曰"弱"，重文轻武，鄙弃劳动，鸦片之毒流行，早婚之害未除，因之民族体魄衰弱，民族志气消沉。三曰"贫"，科学不兴，灾荒叠见，生产力弱，生计艰难。加以政治腐败，贪污流行，民生经济，濒于破产。四曰"散"，两千年来，国人蛰伏于专制淫威之下，不善组织，不能团结。因此个人主义畸形发展，团体观念，极为薄弱。整个中华民族有如一盘散沙，而不悟"聚则力强，散则力弱"、"分则易折，合则难摧"之理。五曰"私"，此为中华民族之最大病根。国人自私心太重，公德心太弱，所见所谋，短小浅近。只顾眼前，忽视将来，知有个人，不知团体。其流弊所及，遂至民族思想缺乏，国家观念薄弱，良可慨也。

上述五病，实为我民族衰弱招侮之主因。苓有见及此，深感国家缺乏积极奋发，振作有为之人才，故追随严范孙先生，倡导教育救国，创办南开学校；其消极目的，在矫正上述民族五病，其积极目的，为培育救国建国人才，以雪国耻，以图自强。

三、训练方针

南开学校为实现教育救国之目的，对于学生训练方针，特注意下列五点。

一曰，重视体育　强国必先强种，强种必先强身。国民体魄衰弱，精神萎靡，工作效率低落，服务年龄短促。原因固属多端，要以国人不重体育为其主要原因。南开学校自成立以来，即以重视体育，为国人倡，以期个个学生有坚强之体魄，及健全之精神，故对于体育设备，运动场地，力求完善；体育组织，运动比赛，力求普遍。学生先后参加华北、全国及远东运动会者，均有良好之成绩表现。但苓提倡运动目的，不仅在学校而在社会；不仅在少数选手，而在全体学生。学生在校，固应有良好运动习惯；学生出校，亦应能促进社会运动风气。少数学生之运动技术，固应提高；全体学生之身体锻炼，尤应注意。最要者学校体育不仅在技术之专长，尤重在体德之兼进，体与育并重，庶不致发生流弊。故体育道德，及运动精神，尤三致意焉。

二曰，提倡科学　我国科学不发达，物质文明远不如人。故苓当办学之初，即竭力提倡科学，其目的在开通民智，破除迷信，藉以引起国人对于科学研究之兴趣，促进物质文明之发达。

今者科学与国防建设发生密切之关系，无科学无国防，无国防无国家，愈见提倡科学之重要。惟是科学精神，不重玄想而重观察，不重讲解而重实验，观察与实验，又需有充分之设备。南开学校在成立之初，苓即从日本购回理化仪器多种，其后历年添置，令学生人人亲手从事实验。犹忆民国初年，美国哈佛大学校长伊利奥博士（Dr. Eiliot）来校参观，见中学有如此设施，深为赞许。盖以尔时中学内有实验设备者，尚不多觏也。

三曰，团体组织　国人团结力薄弱，精神涣散，原因在不能合作，与无组织能力。因此学校对于学生课外组织，团体活动，无不协力赞助，切实倡导，使学生多有练习做事参加活动之机会，而苓所竭力提倡之各种课外活动，有下列数种。

1. 学术研究　如东北研究会，天津研究会，科学研究会，数学研究会，以及政治经济研究会等，以大自然为教室，以全社会为教本，利用活的材料，来充实学生之知识，扩大学生之眼界。

2. 讲演　演讲目的，在练习学生说话之技术，与发表思想之能力，并可进为推行民主政治之准备。其组织，或以年别，或以组分；其训练，由学校聘请有研究有兴趣之教员，为其导师。平时充分练习，定期公开比赛，其优胜者，则由学校加以奖励。

3. 出版　学校为训练学生写作之能力，增加学生发表思想之机会，自始即鼓励学生编辑刊物，会有会刊，校有校刊，或以周，或以季，种类甚多，于彼此观摩之中，寓公开竞赛之意。以是南开学校并未设有新闻学课程，亦未添设新闻学科系，但毕业校友之服务新闻界、通讯社，以及文化团体而卓有成绩者，为数尚不少。

4. 新剧　南开提倡新剧，早在宣统元年（一九〇九年）。最初目的，仅在藉演剧以练习演说，改良社会，及后方作纯艺术之研究。南开话剧第一次出台公演者，为《用非所学》一剧，由苓主编，亦由苓导演。继则由今中央委员时子周君，前政治部副部长周恩来君，及本校职员伉乃如君等，合力编演《一元钱》、《新少年》、《一念差》及《新村正》等。每次出演，成绩至佳。其后张彭春君自美归国，负责指导编译名剧多种，亲自精心导演。当《国民公敌》、《娜拉》及《争强》诸剧演出之时，艺术高超，大受观众欢迎。当时出演者，有今名编剧家万家宝（曹禺）君。而南开新剧团之名，已广播于海内矣。

5. 音乐研究会　南开提倡音乐，远在光绪三十一年（一九〇五年），当时设备不全，仅有军乐一项。其后会员增加，设备充实，增添口琴、提琴、钢琴及大提琴诸组，今名音乐家金律声先生，亦导师之一。前后举行演奏会多次，成绩甚为美满。

6. 体育　南开重视体育，提倡体育组织，提高普及，均所注重，除田径外，并辅导学生组织各项球队，如篮球、足球、棒球、排球、网球等，而尤以篮球队为国人所称羡。当时曾有"南开五虎将"之称，所向无敌，执全国篮球界之牛耳。其时负责教练者，即今名体育家董守义先生也。

7. 社团　南开学校为训练学生作事能力，服务精神，并培养社会领袖人才起见，鼓励学生自动组织各种社团，通力合作，团结负责，当年最早成立之学生社团，有自治励学会，由今中学部主任喻传鉴君主持之，有敬业乐群会，由周恩来君主持之，此外并有青年会，专以研究基督教义为任务，由张信天君主持之。皆各有定期出版刊物，彼此观摩竞赛，工作成绩颇足称道。

四曰，道德训练　教育为改造个人之工具。但教育范围，绝对不可限于书本教育，智识教育，而应特别注重于人格教育，道德教育。是以苓当学校之初期，每于星期三课后，召集全体训话，名为修身班。阐述行己处世之方，及求学爱国之道，语多警惕，学生颇能服膺勿失。

苓鉴于民族精神颓废，个人习惯不良，欲力矫此弊，乃将饮酒、赌博、冶游、吸烟、早婚等事，悬为厉禁，犯者退学，绝不宽假。在校门侧，悬一大镜，镜旁镌有镜箴，俾学生出入，知所儆戒。箴词为："面必净，发必理，衣必整，纽必结；头容正，肩容平，胸容宽，背容直；气象：勿傲，勿暴，勿怠；颜色：宜和，宜静，宜庄。"此与现时新生活运动所倡导者，若合符节。犹忆美国哈佛大学校长伊利奥博士来校参观，见南开学生仪态与在他校所见者不同，特加询问。苓乃引渠至镜旁，将镜上箴词，详加解释，伊始了然。后伊归国，告其邦人，罗氏基金团且派员来校摄影，寄回美国，刊诸报端，加以谀词。盖以当时国人对于国民体魄，身体姿势，甚少注意矫正之故也。

五曰，培养救国力量　南开学校系受外侮刺激而产生，故教育目的，旨在雪耻图存；训练方法，重在读书救国。关于国际形势，世界大事，及中国积弱之由，与夫所以救济之方，时对学生剀切训话，藉以灌输民族意识，及增强国家观念。但爱国可以出乎热情，救国必须依靠力量。学生在求学时代，必须充分准备救国能力，在服务时期，必须真切实行救国志愿，有爱国之心，兼有救国之力，然后始可实现救国之宏愿。在平津陷落以前，华北学生之爱国运动，大半由我南开学生所领导，因此深遭日人之嫉恨。后此我南开津校之惨遭炸毁，此殆其一因。

上述五项训练，一以"公能"二字为依归，目的在培养学生爱国爱群之公德，与夫服务社会之能力。故本校成立之初，即揭橥"公能"二义，作为校训。惟"公"故能化私，化散，爱护团体，有为公牺牲之精神；惟"能"故能去愚，去弱，团结合作，有为公服务之能力。此五项基本训练，以"公能"校训为指导原则，而"公能"校训，必赖此基本训练，方得实现。分之为五项训练，合之则"公能"二义，允公允能，足以治民族之大病，造建国之人才。四十年来，我南开学校之训练，目标一贯，方法一致，根据教育理想，制定训练方案，彻底实施，认真推行，深信必能实现预期之效果，收到良好之成绩也。

……

七、结　论

南开学校四十年奋斗之史迹，略具于斯。当年创立，系受国难之刺戟，而办学目的，全在育才以救国。至于训练方针，在实施"公""能"二义，藉以治民族大病。回忆严馆成立之初，学生仅五人，中学成立时，亦仅七十三人。经过四十年之惨淡经营，教职员同人齐心协力，学生逐年增加，设备逐年扩充，至抗战前，大学、中学、女中、小学、研究所学生，超过三千人，而规模之宏大，设备之充实，在国人自办之私立学校中，尚不多觏。至重庆南开，创始于军兴之前，成长于抗战之中，规模设备，在后方各中学中，亦属仅见。盖南开过去，无时不在奋斗中，亦无时不在发展中，日新月异，自强不息，为我南开师生特有之精神。南开学校在过去，如何认为对于救国事业，稍著微绩；则在将来，对于建国工作，定可多有贡献也。

苓行年七十矣！但体力尚健，精神尚佳，不敢言老。今后为南开，为国家，当更尽其余年，致力于教育及建国工作，南开一日不复兴，建国一日不完成，苓誓一日不退休，此可为我全体校友明白昭告者也。

兹值南开四十周年校庆之辰，回顾既往奋斗之史绩，展望未来复校之大业，前途远大，光明满目。南开之事业无止境，南开之发展无穷期，所望我同人同学，今后更当精诚团结，淬厉奋发，抱百折不回之精神，怀勇往直前之气概，齐心协力，携手并进，务使我南开学校，能与英国之牛津、剑桥，美国之哈佛、雅礼并驾齐驱，东西称盛。是岂我南开一校一人之荣幸，实亦我华夏国家无疆之光辉也。

复校大业，千头万绪，工作至繁，需款尤多，届时苓拟另行发起募集"南开复校基金"运动，深望政府长官，社会人士，以及国际友人，仍本以往爱护之热忱，多予积极之援助，斯则苓于回顾南开四十年发展史迹之余，所馨香企祷，虔诚期待者也。

据《南开四十周年纪念校庆特刊》（1944 年 10 月）

9. 学生之气质

面必净　发必理　衣必整　钮必结　　　　气象　勿傲勿暴勿怠
头容正　肩容平　胸容宽　背容直　　　　颜色　宜和宜敬宜庄

　　人之气质与商家之商标戳记相仿佛。某货系某种商标，出自某字号。一见其戳记商标即可定其货物为优为劣。观人亦然。一见其人之气质，即知其是粗是细，或卤或谨，是谦是骄，为奢或俭。往往一见其人之气质，即知其来自何省何校何种家庭。盖学校家庭社会于吾人气质上关系之切，影响之深，有不能隐讳者。学生之来自何城何校，及其为富家无教育，或为贫家而有教育之子弟，于初入校时，即为诸有经验之师长所猜中。要皆气质的关系。

　　气质于人之关系既如是其切，其影响又如是其深。予深望诸生之来此，有之变化其气质。令人一望即知其为优美深远，有思想，可尊敬之少年。

　　吾校于诸生气质上，将如何教育，此不可不知。诸生曾见门前所悬之镜乎？镜上格言，即可为吾校气质教育之标准。予试读之，诸生其默自省察：

面必净　发必理　衣必整　钮必结
头容正　肩容平　胸容宽　背容直
气象　勿傲勿暴勿怠
颜色　宜和宜敬宜庄

　　前四句系令吾人检点外表；其次则讲体格之卫生；其次为气象；其次为颜色。诸生果遵此而行，即可代表吾校学生之气质矣。

　　此外尚有二项，诸生当特别注意。此为吾校当极力励行者，斯为何？即俭与谦。

好奢为今日中国少年通病，吾校亦未能将此病根除净。迩来开学伊始，好奢气象又见。予故不惮繁琐，再告诸生，以后务必去奢崇俭。金戒指、奢侈之绸缎衣袜等，均非学生时代所宜动用。

人或谓倡俭为消极道德。予谓不然，且有积极之理由在焉。特分述之：（一）崇俭可以使吾人守一种平等精神，不至炫耀衣饰，以示其富。吾人为团体计为多数计，固应如是。（二）凡好奢者，多懒怠，其快乐不在精神，仅在物质。崇俭正可矫此弊病。使人人均知所谓生活之意味。有自重心，不至因物质之多寡，而增减其精神上之快乐。

谦之要点有二：（一）吾人最要之性质为合群。不谦抑自卑者，绝不能合群；（二）吾人所最可贵者，即时时长进，而不谦抑自卑者，更绝无长进之可言。

汝等有以钱财衣饰骄其群者，须知钱财乃汝父兄血汗之资，非汝等所固有。有以才学骄其群者，须知汝等之才学较所谓大才博学者，相去尚远矣。

本文是张仲述（著名教育家，曾协助其兄张伯苓从事南开中学的建设和创建南开大学）1918年9月4日在南开学校修身班上的演说，由儒记录，据《校风》第101期（1918年10月4日）

（本辑文章选自《张伯苓教育论著选》，人民教育出版社，1997年11月版）

经亨颐

人格教育思想

经亨颐（1877—1938），字子渊，号石禅，浙江上虞人。我国近现代著名教育家。

1902年留学日本，就读东京高等师范学校。1910年回国参加筹建浙江官立两级师范学堂并任校长，并兼任浙江省教育会会长。"五四"运动时期，鼓励支持爱国民主斗争，倡导新文化运动，大胆改革教育，因遭守旧势力排挤而离职。后回家乡上虞创办私立春晖中学并担任校长，大力贯彻"反对旧势力，建立新学风"之主张，实行男女同校，组织学生自治，重视体育美育；一时名师云集，四方响应，全国教育界为之轰动。其间曾担任浙江省立第四中学校长、北京高等师范学校总干事兼学生自治指导委员长，并积极参与1922、1923年期间的学制改革和课程改革。1925年将春晖中学校务委托他人，离开浙江参加国民革命。第一次国内革命战争时期，任国民政府常务委员，代理中山大学副校长。

经亨颐广采博引国内外先进教育思想，提倡人格教育。他认为学校不是"贩卖知识之商店"，"求学为何？学为人而已"，所以当以陶冶人格为主。他为浙江第一师范学校制定的校训是"勤、慎、诚、恕"，要求学生对待学习生活，要做到勤奋、勤劳、勤俭；说话做事要慎思、慎言、慎行；对待国家、事业要有赤诚之心；与人相处要做到诚信待人、严己恕人。从培养学生健全人格出发，主张全面发展，全面开设各类课程，自文学、艺术、科学、数学以至体育、运动，无不注重。举凡陶铸个人身心各方面之知、德、体、美、群五育，无所不包，而目标则在于培养正直、坚强、学识兼备之人才，活跃学术空气，丰富课余生活，重视体育、美育，注意多方面培养和陶冶学生人格。在教法上，提倡"自动、自由、自治、自律"，提出"训育之第一要义，须将教师本位之原状，改为学生本位"，成立学生自治机构。顺应时代潮流，推行白话文教学。要求教师必须有"高尚之品性"，反对那些"因循敷衍，全无理想，以教育为生计之方便，以学校为栖身之传舍"的庸碌之辈。其民主主义教育思想和"与时共进"的教育改革活动，使浙江省立一师、春晖中学以师资雄厚、设备完善、教育民主和管理有方著称省内外，为国家培养一批优秀人才。经亨颐主校政时，以身作则，刚正不阿，精神大公，思想开朗；亲自授课，注重感化与启发，反对保守与压制，其人格魅力赢得学生广泛尊敬和爱戴。

对于人格教育和职业教育的关系，经亨颐曾多次加以说明和解释。他认为"唱人格教育者，非谓人类无须职业，唱职业教育者，亦非谓人格不足重"，两说并不矛盾。"职业譬之柴米，一般的思想譬之清水，若无清水，非特不能成饭，禾黍草木不得其养。柴米之源亦绝，其何以言生计乎？故于普通教育主张职业教育，不过谓职业教育中亦得收一般陶冶之效；而反对者则谓与其于职业中收一般陶冶之效，终不如一般陶冶中收职业陶冶之效之为可靠。"经亨颐所倡导的人格教育，不是空疏的道德说教，本质上是一种公民教育，根本目标在于要把学生陶养成对社会有贡献的合格"公民"，是对人的价值、人的尊严和人的全面发展的充分肯定，是对封建时代功利主义教育的有力批判。

人格教育思想非经亨颐所独倡，而是 20 世纪初叶新文化运动的一种时代潮流，当时学者也都提出过"养成健全人格，发展共和精神"的教育宗旨，而经亨颐在其办学实践中，用心甚殷，用力甚勤，弦歌一堂，桃李满园，创造、经营之功，影响深远。

1. 校训解释

（1914年）

孜孜也不厌不倦，勤之至也；寡尤寡悔，慎之效也；成己成物，诚之极也；尽己及人，恕之行也。

家有懿训则昌，国有懿训则强，惟校亦然。准乎时地，对乎社会国家，不失之远，不失之迩，播之嘉种，以期有秋，标兹德目，发为校风，有厚望焉。周书曰：业广惟勤。韩子曰：业精于勤。勤者事之宝也，则取之。一言不审，人其我尤；一行不谨，终身之羞。言行，君子之枢机，慎其尚矣。诈伪虚妄，以之修己则无成，以之处世则病，故有取乎诚。称物平施，善与人同，待人如己，孔耶合德者其惟恕乎。谨以今日圣诞宣示校训，爰先引经义而为之解释如下：

勤　《论语》言敏不言勤，敏即勤也。子曰：学而时习之。又曰：好古敏以求之者。又曰：学而不厌，诲人不倦，何有于我哉。孟子述子贡之言曰：学不厌智也，教不倦仁也，仁且智夫子既圣矣乎。夫曰时习，曰敏求，曰不厌不倦，皆勤之谓也。

慎　《论语》孔子答子张曰：多闻阙疑，慎言其余，则寡尤；多见阙殆，慎行其余，则寡悔：言寡尤、行寡悔，禄在其中矣。又答子路曰：暴虎冯河、死而无悔者，吾不与也，必焉临事而惧、好谋而成者也。此虽不明言慎，而曰惧曰好谋，则慎之意也。诸葛武侯自言一身惟谨慎而已，其善学孔子者欤。

诚　诚者真实无妄之谓。《中庸》述孔子之言曰：诚者自成也，诚者非自成己而已也，所以成物也，不诚无物。孟子曰：身有道，不明乎善，不诚其身矣，是故诚者天之道也，思诚者人之道也，至诚而不动者未之有也，不诚未有能动者也。其言与《中庸》甚合。又曰：万物皆备于我矣，反身而诚，乐莫大焉。

恕 《论语》曾子曰：夫子之道，忠恕而已矣。子贡问曰：有一言而可以终身行之者乎？子曰：其恕乎，己所不欲，勿施于人。又对仲弓问仁曰：己所不敏，勿施于人，在邦无怨，在家无怨。《中庸》述孔子之言曰：忠恕违道不远，施诸己而不愿，亦勿施于人，此即大学絜矩之道也。孟子亦曰：强恕而行，求仁莫近焉。

夫六行九德的目多矣，岂此四字，之外不必尽乎，而核以师范之性质，则惟此四者尤当勉焉。而曰孜孜也不厌不倦，勤之至也；寡尤寡悔，慎之效也；成己成物，诚之极也；尽己及人，恕之行也。苟能是，是亦足矣。

原载《浙江第一师范学校校友会志》第 3 期

2. 师范学校之特质

（1915 年 9 月）

故既入师范，不能不有永为教育者之决心，不能不有非为教育者不可之觉悟。

今日为新生入学式，故校长之训词对于新生为主。诸生入校，今日听第一次之训话，试先与诸生言师范学校之特质。师范学校亦为中等程度之学校，且课程多与中学校比较而定，故料诸生之所以投考师范学校，或视师范学校与中学校相仿，其有以教育为目的而来者，不数数觏。此次入学试验复试口答，曾以此意问诸生，而诸生多以费省为答，可知诸生之来此师范学校，尚非正确之志愿也。以诸生高小毕业之程度，责以教育之重任，固非其时，而今日既入此校，首令诸生改换从前之观念者，须知师范学校之特质。未入学以前之诸生，与今日已入学以后之诸生，于人格品性及对于社会之责任，绝然不同也。

师范学校与中学校，全无连带比较之关系。师范学校培植国家需用之人才，中学校培植国家所有之人才，意义当然不同。至减收经费，不过行政上一种之方法，即国家之优待教员者，自师范生入学之始已受及之，决非仅为诸生求学便利之意。倘志趣不定，即处此一日，改入他校，便为辜负国家。故既入师范，不能不有永为教育者之决心，不能不有非为教育者不可之觉悟。今日在礼堂第一次相见，入学式中诸生总代之答词，不啻对于本校宣誓。自今日校长承认诸生为同志，在学仅五年，为期甚短，当以教育者必须之知识，及教育上至要之理法，以恳切之意，渐次授于诸生。校长以何等慎重之手续，举行入学试验，于五百余人中仅取得八十人。诸生入学困难，而校长选取诸生则更难，非难在观察诸生正确之学力，难在观察诸生正确之志愿。一榜之揭示，深虑有志教育者之反被摈弃，而贸贸者仅以学力优胜而及格。所希特入诸生，志愿稳定，则虽有被摈，余亦不以为歉。

诸生入学于此，既宜知师范学校之特质，尤当曲体选取诸生之苦心。第念诸生从前之习惯、家庭之状况各不同，固不无优良之点，而衡以师范生之品性。教育者之人格，须精进以求者，正未有限。校长一人之训练暨诸先生之指导，亦不过提其大纲，最重要者莫如诸生之自动能力，而本校固有之校风，亦可为同化之亲利剂。在校诸生，对新入学诸生，皆有先辈之资格，四、三年级诸生，尤应补助校长及诸教员指导之所不及，新入学诸生宜听从之。同学之感情逾于兄弟，爱字为教育之要诀。本校以此旨为训育之中心，即有时不得已出之以干涉手段，亦决无丝毫恶意于其间。在校诸生，固已领悟，新生等亦当先明此意，庶以后听校长暨诸先生之训话不致藐藐也。诸生勉旃。

此为经亨颐于1915年9月浙江第一师范学校新生入学式上的讲话，原载《浙江第一师范学校校友会志》第7期

3. 全国师范校长会议答复教育部咨询第一案

（1915年9月）

多数之人格，即所以构成社会生活，广义之生活，即所以陶冶国民人格。

［按语］

按教育部咨询第一件为"国民人格教育与生活教育最为重要，师范教育即所以陶铸国民，宜以此二者为中心，不得有所偏倚，欲实达此旨，应行若何方法？"是篇答复案系由经君子渊起草，经大会通过者。以人格、生活二者为今日教育上最当注意问题，爰将原文录登藉供研究。

人格不仅在一己，生活不仅言日用。多数之人格，即所以构成社会生活，广义之生活，即所以陶冶国民人格。是故，人格存在于社会生活之中，生活包含于国民人格之内。此人格、生活之不可陷于狭义，亦人格教育、生活教育之所以不可偏倚也。吾国民有自私自利、浮伪虚荣之通病，人格之日益堕落，生活之日益困难，无可讳言。审此原因得二要领：

（甲）以人格教育维持生活，其主要之点

一、公共心

二、责任心

（乙）以生活教育维持人格，其主要之点

一、勤劳

二、俭朴

上列四要点除关于学校内部，如训话、讲演、服务、作业、提倡课外运动、注重礼仪演习，校长等当依据教育宗旨切实奉行外，谨拟办法四条如下。

（一）以"诚"字为全国师范学校校训之中心

校训为训练之标准，除各省地方情形不同，当依民性特加注意、得酌加他字样外，"诚"字当定为全国师范学校共同之校训。

（二）考查学生成绩宜注意操行考查，操行成绩宜注意自动能力

成绩非仅指学业而言，近时各学校有仅以学业表示成绩之习惯。即部令《操行成绩考查规程》第五条之规定，亦不过升级毕业临界时之关系。而一般学生操行之考查，几等于虚设。故考查学生成绩宜注意操行。但所谓操行成绩，非仅能服从命令已也。盖仅知服从而不知所以当服从之理，是属他律的动作，而自动能力殊无启发之可期，何以自立于社会，何以自谋其生活。故自动能力宜特别注意，如此，则人格全而生活亦寓乎其中矣。

（三）慎选师范校长

校长为全校之表率，非深谙教育者不能胜任。师范校长尤与人格教育有挚切之关系。以后遴选任用须严定资格。但任用之手续不宜委任，改为聘请，以重人格。

（四）教员宜专任

人格教育以狭义言之，即德育、知育。近时学校教育之无训练，无可讳言。推其故，教员之不负责任为最大原因。盖教员非专任，对于职务无稳确之观念，对于学校无专任之精神。欲言人格难矣哉。故任用教员宜专任，他如检定试验、优待教员等，即宜规定办法，务使教员愿负责任，学校始能收训练之效。庶人格教育不致偏废矣。

原载《教育周报》第 7 期

4. 教育者之人格

（1916 年 9 月）

本校为师范学校，即人格专修学校。此所谓人格，与普通所谓人格别有一义，教育者对于社会一般不可无牺牲性质，能适应时俗之好恶，方为教育者特异之人格。

入学式与毕业式，为学校例有之年中行事，形式上虽为一去一来，精神上决非一增一减。新入诸生，于投试学生八人中取一人，入学颇不容易，但入校后为本校学生则甚易，欲为本校优良之学生又不容易，而本校毕业后为优良之小学教员则又甚易。须知容易之事，必经过不容易之关节而成，世上原无天然容易之事。入学不容易，始入学有决心，对于学校自有信仰。观吾国学生青年，入学某校常抱不安心之态度，非其志愿之不安，为对于学校无信仰而不安。所谓试读，为学生试学校，非学校试学生，朝夕思索，去留不定，难乎其为学生矣。本校情形，征诸近年入学诸生，固无此种心理，各教员之热心指导，久于其职，亦有较他校不同之点，校风已著，在校高级学生皆有先辈资格，堪为模范。诸生既入此校，可安心读书，无容多虑，诸事多有定，则不致无所适从，故曰为本校学生甚易。惟本校训练之标准较高，在他校已算优良之学生，本校尚有批评，欲得甲等操行成绩殊不容易。年级递高，标准亦异，而对于新入诸生之训练，则惟服从二字。嗣后渐渐启发，期于自律，乃至毕业，始成完全人格，庶不至离去母校，顿失依赖，出而问世，游刃有余，不愧优良之教育者。盖今日苦，即将来之乐，在校时难，即出校后之易也。

本校为师范学校，即人格专修学校。此所谓人格，与普通所谓人格别有一义，教育者对于社会一般不可无牺牲性质，能适应时俗之好恶，方为教育者特异之人格。以大厦喻国家，以人才喻栋梁，柱石常闻之，然构成大厦最要之关节，则为此凸彼凹相接合之斗。榫若无斗榫，虽栋梁之才不足用也。且既有栋梁之凸，榫若无柱头之凹，榫虽栋梁之材亦不足用也。今中国栋梁之才不患不多，所缺者凹榫之柱石耳，倘柱头亦是凸榫，大厦其何以构成耶？政治家也，元勋伟人也，皆为凸榫之栋梁。教育，立于社会基础上之事业，教育者相当于柱石之材，彼凸我凹，与世无争，始无不合，否则即失其柱石之资格。凸榫者何？权利而已。今日诸生既入学于此，已取定为国家柱石之材，校长第一次之训话，即是凿成凹榫之准线。其各勉旃。

此为经亨颐于1916年9月在浙江第一师范学校新生入学式上所作训辞，原载《浙江第一师范学校校友会志》第10期

5. 教育不宜图速效

（1917 年 7 月）

有鉴于吾国近今教育事业之紊乱，揭其要义以勉诸生。一言以蔽，勿图速效。

光阴荏苒，诸生自入学至今日，五年如昨。第从前入学而来，以与本校无关系之人，入学而为心性至切相关之学生，不谓今日毕业而去，以心性至切相关之学生，毕业而为与本校无关系之人。今日毕业式，不过学校对于社会之交代，若校长与诸生之关系，方自今日始，在学中说不到关系二字。母校之称，毕业而后始有之，则今日毕业式，却如诞生之辰，在学五年相当于胎孕期而已。学校教育，以示范作则为尚，故在学中之教训，一如胎教。自今日不能与诸生晨夕相处，与母体既分离，则有相对之关系。有相对之关系，始有授与之作用。嗣后如有新思潮、新学理，对于社会有所发表，即对于毕业生有所授与也。

今日毕业式，校长亦无特别训话，例云临别赠言，亦不知从何说起，与从前所已言及将来所未言，决不能截然划分。自大体而论，有鉴于吾国近今教育事业之紊乱，揭其要义以勉诸生。一言以蔽，勿图速效。教育之成绩，为直接不可见之物，譬之栽花，疑其无根，时时拔视，未有能生者也，欲知根之有无，可于叶之荣枯决之。教育为根，社会为叶。叶之败，根之耻也。叶之所以败，拔根之咎也，不拔不得见，计惟以玻璃盆养水仙花。职业教育极端之主张将毋同，余故曰图速效为近今教育所以紊乱之由。具玻璃盆养水仙花之观念，不足与言教育。安心立命，切实做去，决非置之不理，以其不可见而因循自欺不可也。犹之栽花，宜时之审察其枝叶之状态，定为有期的方法，今日施肥，明日加土，不规则的栽培不可也。诸生今后之所谓有期的方法者，在学五年，毕业后五倍之为二十五年，仍以五年为一期。自今日毕业后之五年，一如在学时之预科为预备期，最为重要，以后为进行期，成功期，皆于第一期立之基。况当今日险恶之社会，一若栽花，时有暴风暴雨，尚祈格外慎重。勉之勉之。

此为经亨颐于 1917 年 7 月浙江第一师范学校毕业式上所作训辞，原载《浙江第一师范学校校会友志》第 11、12 期合刊

6. 最近教育思潮（节选）

庶教育为国家社会之先导，不随国家社会为浮沉也。

思想界之二形式：曰理想派，曰实现派。二者孰先孰后，无待研究，当然有理想而后有实现。思想界决非必须有此二形势，仍自理性淘汰之作用，意志自由之结果，难保无怀疑之状态，急希亲见，此实思想上之弱点，即实现派之所由起。对于教育事业所谓种瓜得瓜，种豆得豆，虽不如仙桃三千年开花，五千年结果，而树木十年，树人百年，所得瓜豆，当然不及亲见。故余极不信某学校成绩卓著或腐败，感情作用之毁誉。盖实在成绩，非同时同人直接所得见也。现今教育事业之紊乱，虽有种种之原因，自余思之，"希图速效"四字足以概括之。譬之栽花，疑其无根，时拔时视，未有能生者也。欲知根之有无，可于花之有无决之。教育为根，社会为叶，叶之败，根之耻也。叶之所以败，拔根之咎也。不拔看得见，惟以玻璃瓶养水仙花。职业教育极端之主张，将毋同？若朝令暮改，变本加厉，难免拔根之消，窃为教育前途虑也。

时人谈教育者，恒有应国家社会趋势之口头禅。如以此言为惟一之要义，亦恐失其教育之本职。应趋势之者，固非对腐败之国家、腐败之社会，施腐败之教育，而为施有以革其腐败之教育。姑勿论事实已成，补救恨晚，而教育不过为国家社会之方便，执行防止之职务，已近政治性质，决非纯正之教育。故余谓"应国家社会趋势"一语，宜加以解释，为应现在之趋势而定将来教育之方针，非应现在之趋势而改现在教育之方法，庶教育为国家社会之先导，不随国家社会为浮沉也。故国家社会之趋势，不过供教育之参考，决非绝对之标的。或曰：为定将来教育之方针，必须改现在教育之方法。余答曰：此所改之方法，不必拘泥国家社会之趋势。例如以生计为前提，非必须提倡职业教育，且当提倡人格教育也。

教育学中，不有目的、方便二语乎？凡教育上各事体，均有目的、方便二义，相互为用。例如作业以勤劳为目的，而以运动为方便；游戏则以运动为目的，而以兴趣为方便；人生以快乐为目的，当以图社会之进化为方便。快乐说最后之目的与目前之目的同为快乐，所以招近世之反对也。临渊空羡，不如退而结网，欲达目的，必有经过之方便。例如隔岸有物，不如早作绕道之计，否则望泽而叹，何补于事实！职业教育本不以生计为前提，为生计问题而主张职业教育已属误解。与其以职业教育为达生计之目的，无宁以职业教育为一般陶冶之方便。职业与职业教育意义不同。彼谓职业教育之疑问得转问职业专家者，实不知职业与职业教育之区别。譬如手工教师不胜任时可请木匠铁工以代授乎？又况人格教育与职业教育之争点，并不在生计二字，曰人格，曰职业，同为生计完成之义。第竟言职业，生计未必能完成，必其职业立于人格之上而后可。余故曰提倡人格教育，且为解决生计问题之捷径。可知人格教育非徒托道德之空言，而为生计问题之方便，不可不注意也（目的、方便之关系不明，不可与言教育。例如有发财之目的而往购贮蓄票、彩票，是但知以目的达目的也。返而充其能力，勤其职务，方便也。余深信世人之致富而稳健不败者，必有人格之关系。为国民生计而倡职业教育，是谓彩票教育，亦可谓近视教育）。

或者，教育上姑勿谈高深理论，宜取浅易可行者较为切实，人格之解释究属空洞？人格教育杳渺无凭。惟浅易与高深究以何为标的？窃谓哲学问题虽浅易亦高深，教育问题虽高深亦浅易。人格教育与职业教育之理论决无高深浅易之别。如以人格之解释为空洞，试问人生问题是否着实？教育事业是否有一定范围？

……

默察吾国近时职业教育呼声之高，其原因又别有所在。以生计为前提，犹是顺手牵羊之论。近时吾国各学校毕业生之不升学或赋闲者多。无可讳言，教之害之，引为杞忧，曾不失教育家多方注意之好心。惟毕业生不升学校或赋闲，与生计为别一问题。研究其何以不升学，何以赋闲，不归咎于社会，乃归咎于学校，亦无庸辩。试反省：学校何以不良？为性质之不良，抑方法之不良？如方法不良，则性质之良与不良尚不能下断案。如不问方法之良与不良而擅改学校之性质，是直搅乱而已。一般教师幸免方法不良之责备，亦糊糊涂涂随声附和，而教育之公道与良心以俱已，岂不可痛！吾国现今之学校不过一贩卖知识之商店，却可称为职业学校。教师与学生是职业的交际，学生但知有上课之义务，责问之权利；教师但知有束脩之权利，到校之义务。是职业教师，非人格教师。频频数年，学生毕业贩归，初不料营业之方法、同行之规则尚无学到。此所谓营业之方法、同行之规则者，无他，人格是也。故欲养成学生为社会有用之人，不患无职业，而患无人格。犹之商店不患无货物，而患不知营业之方法、同行之规则。凡我同人，及早提倡人格教育，先认为方法之并无不良，理直气壮，然后再讨论学校性质问题，未为晚也。

余又觉近来职业教育之呼声，自外国游历考察以俱来。夫教育与国情为至要之一问题。吾国兴学之初，一切法令制度大半袭自日本。至近年欧战发生，崇拜德国，遽有仿德之倾向。又以美国与我国，同为共和友好，最深亲爱，而至于同化世界各国之主张。职业教育者，美国为最要之。美国向守门罗主义，其所处位置与我国截然不同。全地球之形势，彼为乡村，我为都会。以美国现在之文明，处我国今日之地位，亦未必适宜。况该国自对德绝交以来，已幡然改计，可谓今年之美国与去年之美国竟是两国。教育上主张之变更，必然之理，步其后尘，岂非失算！过时之物，他人所废弃者，拾之归以供养祖先，纵非有意，未免多事。又如菲律宾，亦盛倡职业教育，此为美国之一政策，使之平民化而抑制其人才者也。闻日本也有倡职业教育之事实，而教育家之论锋并不承认，系实验时代，决非实行时代，此不可不知也。吾国之国情何如，所处之境地何如，将来之希望何如，世界各国，无一国有如吾国之复杂，无一国可以取法。列强环视，动辄开衅，最忌自己分裂，反与人以妥得之便。职业教育足使趋于社会分业极端之弊，而精神分裂矣。尔为尔，我为我，遂行自私自利之病根，国家前途，何堪设想！既不然，将自己国民而平凡化之，造成附属国之张本，不费手续，足以已国，言之能无痛乎？人格之者，即以国家为单位，精神融洽之状态。故人格教育为保全国家唯一之方法也。

吾国人有一种特别之精神，毁之曰混沌，誉之曰神妙。图画、国文两种可为代表，最合人格教育之本旨。余敢断言，如研究人格教育，混浊者悉归于神妙，生计问题亦解决于人格二字之内。衣食足而后知礼义，此文化未发达时代之理想。至今日，必须更读作知礼义而后衣食足也。况乎衣食太足而不知礼义者恒有所见。礼义太知而衣食不足，必非真知礼义，而衣食非真足则不成话说。人类不仅为生存而竞争，必有何等之理想观与目的观。吾国人之理想观与目的观多误入歧途，若不思有以匡正之，则扰乱不已。社会的生活不能健全，而谓个人平心乐业，安享幸福，其可得乎！即人人均有职业，亦不能不赋闲。吾国素号思想国，若能发挥人格，必较他国易收成效。乘兹世界纷纭，余料十年之后必大改面目，急起直追，一跃而可以反弱为强，转危为安，黄祸竟成，亦意中事。谁为保证？非人格教育，无此能力。吾国思想之源，多发自浙省，如姚江学派，永嘉学派，金华学派等，皆为中国思想之中坚。故吾浙人，更不可不研究人格教育，以继续先驱之思想，联合全国之精神，以解决广义之生计，千载一时，刻不容缓者也。

余既言职业教师，人格教师，又对于职业学校倡言人格学校。凡学校皆当以陶冶人格为主，特于普通教育之学校更宜禁止职业教科，以保持纯正教育一般陶冶之本色。例如中学校之办第二部，余极端反对，认为与提倡职业教育之好意自相矛盾，欲求生计，哪知演成死计，青年子弟后悔莫及。至若职业学校，亦不过观念教育，非事实教育。近今仅有女子职业学校，而何无男子职业学校？盖男子必须有职业已成自然法，犹之自然界之物体皆服从引力之法则，故对于物体无须有不可不服从引力之法则。女子可无职业，故设学校以提兴之。职业范围甚广，限于学校所设几科，挂一漏万，何补于实际！故余谓之观念教育，以其有多产的价值寓焉。至若职业介绍、职业指导等，余不认为教育事业而赞同之。应将职业教育别作一解：以职业为名词，教育为动词；又得以教育为名词，职业为形容词。惟具此热心，于社会亦未始无益也。

最后总括数语，演稿勉就结束。漫言道德非人格教育，漫言生计非职业教育，漫言人格以其无所交代而置之不问；或醉心一般陶冶而惰其方法的研究，或托言学生自动而匿其无力之管理：此皆人格教育的流弊，固不可不防也。

此为经亨颐在浙江省教育会夏期讲演会上的讲稿

7. 愿为社会作马牛

（1918 年 7 月）

原来教育之效果，决不存在于规则方法之间，而存在于社会之信用与教育者之人格之间。

今年元旦，余有自训一语曰：愿为社会作马牛。盖岁在戊午，余生于丁丑，故云。今日毕业式，即以此自训者训诸生。毕业后何所事？当然任教育之职，而或不免与其他职业，以一般名利相计较，即非所谓为社会作马牛也。然则何故愿为社会作马牛？徒自嗟叹，亦属勉强，余以此数字置座右，思之思之，至今日稍有所觉悟。此语自为儿孙作马牛脱来，而其理亦相若，为儿孙作马牛，天性也，为社会作马牛，天职也。为儿孙作马牛，数千百年来构成依赖儿孙之通性。余之所谓为社会作马牛者，亦有依赖社会之希望，今后余认定教育事业当依赖社会，故愿为社会作马牛。行政立法徒束缚教育而已，欲言发展难矣哉，原来教育之效果，决不存在于规则方法之间，而存在于社会之信用与教育者之人格之间。余尝探询友人之能言教育者，吾浙师范生多矣，其缺点究在何处？答曰无教育思想，绎其意即不知教育者之天职。今日所授与于诸生之证书，视为权利之左券乎？抑视为义务之任状乎？毕业生成绩之优劣，可以此二语区分之，亦即可以为社会作马牛一语概括之。诸生自今日离母校而入社会，母校非可依赖也，可依赖者社会也。其各勉旃。

此为经亨颐 1918 年 7 月在浙江第一师范学校毕业式上所作训辞，原载《浙江第一师范学校校友会志》第 14、15 合期

8. 勖白马湖生涯的春晖学生

（1924 年 9 月）

白马湖不是避人避世的桃源，是暂时立予局外，旁观者清，不受牵制，造成将来勇猛的生力军的所在。

本学年是本校开校以来第三学年了。过去二年中有如何成绩，不敢自夸自信。虽外面或许有赞美我们的，我们只能认为自家人互相协助，在仴满本校的，且以为这种都是做屏风罢了！所以我对于本校这二年来经过情形，不愿举出如何优点，如何特色，来做广告。我认为教育事业，到底靠卖广告是无用的。白马湖三字，知道的人已经不少，凡是到过本校的人，没有一个不说风景好极了，所谓"环境"享自然之美，不受外界牵制，诚然诚然。优点不过如此，特色不过如此，但我的顾虑也就寓于此。

前学年放学的时候，我曾对全体职员学生演说：本校校风，有不能不应加注意和纠正的地方。学生举止言动，不知不觉露出一种矛盾的人生观。这一种情形，在别的学校，都是不容易得的。说是青年习气，又含有老成模样；说是目光高远，又不脱乡村狭小的风度。此无他，就是白马湖生涯，环境和程度不合的原因，有以构成之。我以二字概括表示，曰"浅"和"漫"。——并非我好玩弄文字，找得两个都是水旁的字，来描写白马湖生涯。"浅"是气量浅狭的浅；"漫"是浪漫的漫。普通为人，如其是气量浅狭的，决不至于浪漫；如其是浪漫的，他的气量决不浅狭。就是以水来形容，既浅了哪里能漫，既漫了，决不浅，所以这二字实在是矛盾的。如此矛盾的人生观，本不应当有，在初中时代的学生，谈什么人生观，并不是太早，实在是人生观尚未确定，因未确定，所以矛盾，我认为不要紧的。

我甚爱白马湖，我所爱的是白马湖自然的环境，极不爱白马湖人的环境。概言之，爱乡村的自然的环境，不爱乡村的人的环境。就是我们应当感化乡村，切不可为乡村所化。乡村生活原是困苦的，能耐苦而不计较，方为乐天知命，或不失为消极的一派人物。但我感到的不是如此，你有饭吃我不平，你多吃一块肉，甚至闹成打架，生活既如此计较，何不出外做事，别图发展。终年享安乐，乡下老"店王"没有一个不刻薄，且依着家声，夜郎自大，这种恶习，最为可恨。白马湖本与近村隔绝，我所谓"浅"何所见且云然？闻上学期因教员另室膳食，学生讥为揩油，几酿口舌。把乡间吃清明饭吃会酒的观念，来对付师长，算什么话。我办学十余年，虽尝感学生对学校争计经费，无微不至，从未闻对教师自费自食，有如春晖学生之表示者。倘因此使教员灰心，减少课外指导的工作，所得者小，所失者大。万万不利。本学期应以极敬诚之意，恢复如旧，我已请代理校长切实矫正，虽区区小事，我认为春晖特色师生和蔼的根本要动摇，望全体学生各自觉悟，切嘱切嘱！

　　"漫"字从何说起，我和你们平时少接触，并无对我有如何不恭的举动。但观察你们进出游戏，以及宿舍中陈列不整不洁，好像是故意欢喜如此，以随便为舒服。"浅"是不愿他人舒服，"漫"字但求自己舒服，焉有此理。即不然脑筋中横着旧式所谓名士新式所谓诗人的标本，忘却自己现在如何程度，好高骛远，俗语所谓"未到尚书第，先造阁老坊"，这实在是近来青年的通病。但在都会中，有种种刺激，强迫使他觉悟。僻处白马湖，要望碰着自然罚的教训，除荡船不小心落到河中而外，再没有别的机会了。所以慢慢地愈加漫起来。你们自己是不知不觉的，也是我所戚戚过虑的。长此过去，渐渐加甚，那是我要叹一声，春晖设在白马湖，铸成大错了。

　　青年以傲慢为荣，对师长能抗辩，自命得意！洵如是，真是教育无能了。我不是愿意压抑青年的人，但决不能听任你们无理的自由。你们不是终老白马湖，社会之大，到处荆棘，将来出去受种种突然的苦痛，那时一定要怪我何不早为指导。藐视一切，算有思想，碰着社会上略有不满意事，便搬出须多不耐的口号，"算什么"，"没有意思"，"不承认"，试问这种话徒然说说何用，结果仍是自己烦恼！我此次来杭，列席省自治会议，有许多感触，把来自乡间所谓纯洁的脑筋，不免混乱了。但自觉缺乏社会常识，不能应付，非深自勉励不可！又觉得今后人生，无论何人，不得不加入政治运动。例如近日东南战争，已开火旬日，我就以此事来问白马湖生涯的人，抱如何态度？我料想一定如此说："这是他们军阀和军阀夺地盘，和我们丝毫不相干，谁败谁胜，结果不外以暴易暴。"苏人如何心理，不得而知，浙人反对贿选者，多表示助卢。或且认为别有作用。我以为不论贿选，不论军阀，为什么弄到这步田地，终结一句要归咎于人民自己放弃。何以使他们选可以贿，军成为阀，在未贿未成阀以前，假使有共同严格的监视，何至如此。一般人民程度实在不够，中等以上学生的知识阶级，如其永远抱着脱离政治自命清高的态度，反面就是放胆可以贿选，或比贿选更甚比军阀更暴的行为，何妨任所欲为。在乡村中人，听说外面又打仗了，莫名其妙，不知为了何事。他们要打，我们老百姓能够说一句不准才对，决不是不可能的，只要人人心目中认为国家事变，和我们有密切关系，自然有一种势力可以制止。事后说什么人民受其荼毒，痛骂不肖官吏、猪仔议员，实在是来不及了！官吏这样腐败，但行政权仍操在他手中；议员这样卑污，但放屁的通过了一案竟要发生效力。非根本的剥夺他们行政权，严厉监督选举不可。这种工作，都要全体人民做的，靠少数人不相干。但因为靠少数人不相干这句话，流为消极，就是放弃公民权的起点，这种态度，近来知识阶级中最多，浙江人尤其有这种怠性！西湖游玩，阿弥陀佛念念，一点振作的气象都没有。所以我认为地理环境，和人生有极大关系。唉！白马湖尤其偏僻吓！

　　我从今愿从新做学生，我特别表明叫做第二种学生，因为从前做的学生，并没有把这种学生同时做在内。但知专心教科，所谓埋头读书不问世事，算好学生。高谈什么哲理，什么文艺，尤其自命矫矫，哪里知道和社会切要问题，路差得不知多少。白马湖不是避人避世的桃源，是暂时立予局外，旁观者清，不受牵制，造成将来勇猛的生力军的所在。存着如此观念，所读的书，都是经世之学。把我现在才觉悟要想补习的第二种学生，和照例的第一种学生同时用功，同时进步，眼光放得大，度量放得宽，切勿妄思自由——要知道自由是成立于共同生活，决不能成立于个人理想！又如今日社会纷乱，谁不酷爱和平，要知道和平是成立于全体努力，决不是成立于袖手享福！我说来说去，无非希望你们从一般的人生观立基础，切不可以特殊的人生观取巧走捷径。今年新招的学生不少，本校情形，不甚明瞭，以为我讲这番话，究竟有什么用意。我要声明，却是为旧学生头小帽大，暧昧的人生观而发。本来对你们初中学生，或者不必讲如此海阔天空的话，教育上还认为太早。可是我们春晖的初中学生，却有特别速度，已经把人生观提高了，我就利用这个优点，和你们恳切地谈谈。外面有一种舆论，认为白马湖办初中实在不相宜，这倒是明言。但学术程度是程度，人生思想是思想，只要不弄错，提高何妨。今天是中秋，烟雨迷离，遥想山间明月，也不能叫它皎洁如常！省立各校，已受战事影响，明令停学，我们春晖，还能够依然开学，这终算是例外幸福。寄语全体学生，努力进步！

原载《春晖》第 32 期

9. 我最近的感触和教育方针

（1924 年 10 月）

中等学生必须应有一种自命豪杰的期待！

……

但依人类革进的趋势，非绝对没有可能的希望。所谓"势力"两个字，要分开来讲。依科学的研究和进步，觉得"力"和"势"大有区别。无论战争问题、人生问题，都是由"力"而进于"势"了。这是值得详细说明，我就因此感触到教育方针去。近来盛倡所谓新文化，所谓人生观，弄得青年脑筋里，为什么求学，莫名其妙！趋向于个人谋幸福享安乐，和政治关系，好像愈趋愈远，实在是极大的错误。所谓"势"是超乎"力"之上一种莫大的作用。就人生问题讲，"力"是少数人的特殊表现，"势"是大多数的自然团结。概言之就是政治关系人范围扩大，如专为个人谋幸福享安乐，这种教育，简直是和人类共同目标背道而驰。靠笔头的文化，和理想上的人生观，全仗着鼓吹唱高调，立在局外，希望和平自由，真所谓"缘木求鱼"了。其结果"势"字固然达不到，而固有的很微薄的"力"且从此丧失！彼辈军阀，正可永久继续作威作福。这次战争，无论如何结果，可断定决不能彻底解决，因为人民并没有加入。两军阀相争，无非都是"力"的比较，如人民加入，就有"势"了。这种"势"就是依人民和政治关系的程度而定，他的根源就在教育上。教育与人生，多少密切，能言之者不乏其人，同时政治与人生，其密切关系，可以"人为政治动物"一语概之。所以教育与政治，简直是不可离的了。我可以简单下一句教育的定义，是构成政治关系的"势"。但构成的方法，如现在中等教育酷信自由，听其自然感化，我认为实在是不对的。"不入虎穴，焉得虎子"，把尚武精神，视为军阀特有而摈弃之，平时训练又不讲纪律，将来造成一盘散沙，尔为尔我为我，专图个人安乐的青年，如何可以负担社会重任呢？我要郑重警告，近年教育趋向，是故意打倒军，惟恐文弱不甚。我浙江人本犯文弱的大毛病。请查此次战争军阀首领，有一个浙江人吗？称为江浙战争，全不对的。两方头脑，都是山东人，此外也都是山东人或奉天人直隶人。我们浙江不少军人，到哪里去了？呵呵有的做文人了，有的念阿弥陀佛了，有的在家享福了，直可谓放弃天职！所以浙江人我早知没有"力"，据这次看来，又可叹一声丝毫没有"势"。回顾教育上又是如此以先觉自命似的，不知道要造成无数文人干什么用。从今后我要提倡中等教育，非仍鼓励尚武不可！因为"力"和"势"两字，不是性质不同，是程度进步关系。"力"是明明白白属于武的，或者以为"势"是属于文的，只要运动宣传。决不然！文武二字，并无严格界限，运筹帷幄说是文的，决胜千里算是武的，但我以为运筹帷幄当然也是武的，总而言之，专讲尚文是不成的。从前战术，用刀枪肉搏，后来发明炮弹火药，无论如何勇将，无所施其技了。这是以物质代"力"。现在又有飞机，可从空中利用引力掷下炸弹，这就是超物质的"力"，进步而能利用自然的"势"了。所以"势"是完全属于武的，惟"势"可以制胜"力"。战术上用飞机对炮弹，等于从前初发明火药，以炮弹对刀枪一样，胜败是科学负责的。科学的战争品，飞机以"势"的武，当然能制胜炮弹的"力"的武。同一理由，科学的人生观，群众以"势"的武，必然可以制胜军阀的"力"的武。依然对时事叹口气，我们没有实力，我们没有实力，怎么办！何如早为之计，从教育着手，力矫文弱积弊，以培养实力。决不是回复帝国主义时代的尚武，要认得明白，是群众运动所必需的"势"的尚武！

中等教育上，万不能抛弃人才主义和国家主义。中等学生必须应有一种自命豪杰的期待！我们中国近来极稀贵的少数中等青年学生，个个为地方为国家效用，还不够分配。所谓主人翁要具有主人翁的本领，像主人翁的做法才对！决不可希图享现成太平福，徒以谋个人生活，为求学唯一目的。无穷久长以后的理想世界，地球和其他星球以飞机实行交通。除非那时候，全球合为一个国家以御外，在地球上才可以说废止国家主义。由平面的国家，复而为立体的国家，不然，躐等地谈什么世界主义，等于离奇的矛盾的人生观，群育群育，所表现全是为个人权利，但知如何能取巧，如何能偷懒，如何能出风头以博虚荣，"方寸之术可使高于岑楼"，可为近来中等教育写照。未修了初中一年，便妄思进大学，高小学生也想做诗人，种种不按步调的教育状况，是近几年来五四运动以后不良的成绩。青年诸君，五四运动的确是值得纪念的，要知道值得纪念的是什么？便是政治关系的范围大扩充！从这一点去做，就是我们僻处乡间的学校，无不在政治活动可能范围之内。安富尊荣，升官发财，不是人才；幽居湖山，不管沧桑，岂可算人才。自治事业非他，即平凡化的政治生涯，自治军即一般化的义务民军。这次战争吃紧的时候，有人提议组织学生军以充后备，我随口说现在的学生不像了。即有一学生在旁问我为什么，我就问他你去负枪临阵愿不愿，他便说没有受过这种训练，愿去也不能。新课程中兵式操废止了，就是军事常识，也和学校教育绝缘了，如何能组织学生军。回想光复的时候，学生军颇有些精神，现在情形虽不同，如其要真的讲革命，或者比光复时尤其需要。理想的自治军的领袖，非以中等青年为中坚不可！平时全无指导，不屑学习，而且把耐苦的习惯根本取消，我别无可说，惟有祝贺军阀放胆横行就是了！我竭诚警告中等学生青年，正要"卧薪尝胆"，及早锻炼自己身体，养成勤苦耐劳，来日大难，非献身的担当不可。我们浙江，文人有余，与其做无聊的学者，不如做有作为的土豪；与其做鬼鬼祟祟的政家，不如做磊落光明的军人！教育为什么？求学为什么？仔细想起来，实在不能过了一日，两个半日，糊里糊涂地过去。近来学校精神散漫，无可讳言，愿青年诸君彻底谅解，勿以我忽然改变，倡这种主张，为新教育前途不利。求自由于在学短期中，是无用的！教育即生活，岂能如此写意，永久做学生以度一生吗！本校学风，尤有纠正的必要。在此环境中，我这番话，或者不相适应，但眼光放大一点，需要正是倍数吓！

原载《春晖》第 33 期

（本辑文章选自《经亨颐教育论著选》，人民教育出版社，1993 年 10 月版）

晏阳初

平民教育思想

晏阳初（1890—1990），原名兴复，字阳初，四川巴中人。我国近现代著名教育家，世界平民教育运动与乡村改造运动的倡导者。

幼时入私塾，13 岁时接受现代教育，23 岁时赴香港深造，1916 年赴美留学，在耶鲁大学半工半读。1918 年，从耶鲁大学毕业，即赴法国为在欧洲战场做苦力的华工服务，并开展华工教育，自编识字教材《千字课本》，创办《华工周报》，这是他从事平民教育的开始。1920 年 7 月，获普林斯顿大学历史学硕士学位。同年 8 月回国，担任中华基督教青年会全国协会平民教育科科长。1923 年 8 月，中华平民教育促进会总会成立，任总干事，从此积极致力平民教育运动。1926 年起，晏阳初把平民教育的重点从城市移到农村。1929 年，晏阳初与平教会同仁携家属迁居河北定县，全力从事"彻底的、集中的、整个的县单位实验"，任河北省县政建设研究院院长。1943 年 5 月，在哥白尼逝世 400 周年纪念会上，晏阳初被推选为"现代世界最具革命性贡献的伟人"之一。1950 年后，开始从事国际平民教育运动。

晏阳初认为，中国的平民教育，既不是以慈善为怀的贫民教育，也不是欧美等国家的成人补习式教育，而是创造性地"用中国药来医治中国病"、试图用教育来解决社会问题、实现民族再造的教育改革运动。晏阳初通过大量调查，认为中国农村存在"愚""穷""弱""私"四种病症，因而有针对性地提出"文艺教育""生计教育""卫生教育""公民教育"四大教育，即以文艺教育救愚，以生计教育救穷，以卫生教育救弱，以公民教育救私，造就出富有知识力、生产力、强健力和团结力的新民。为使四大教育顺利进行，晏阳初提出"学校式教育""家庭式教育""社会式教育"的平民教育三大方式。

晏阳初"四大教育""三大方式"的平民教育理论，打破了狭隘的教育观念，把乡村教育视为学校、家庭和社会相互促进的系统工程，主张在"大教育"的观念上对社会进行整体改造，远远超出了就教育论教育的模式，超出了经院式的教育研究模式，为全面和正确地解决现实教育问题进行了有益尝试，是中国教育史上的一个创新。晏阳初所主持的平教会选择定县为"社会实验室"，从大城市走向乡村，致力于平民教育与乡建运动，是一种真正面向平民、服务平民、造福平民的教育，把平民作为教育的出发点和归宿，把乡村教育和乡村改造紧密结合起来，这种躬身实践、面向乡村的平民意识，在当时社会是难能可贵的，即使在今天，也是有现实借鉴意义的。

晏阳初积极倡导公民教育，着力培养平民的公共心与合作精神，从根本上训练平民的团结力。他认为中国的乡村建设担负着"民族再造"的使命，要着力培养新的使命，新的人格。他说："以前办理平民教育的，不外授予学生以文字教育，绝没想到生计教育和公民教育的必要，只能养成有知识而无生产力及公共心的片面人。现在我们知道一个人至少必具知识力、生产力及公共心三种要素，才能成为整个的人。"晏阳初的公民教育主张，是和他改造乡村、民族再造思想紧密相连的。

晏阳初既接受西方民主科学思想影响，又十分注重民族精神研究，主张要有清醒的民族自觉和文化自觉。他认为，必须改造民族文化，正确对待我国传统文化和西方文化。他很注重研究"国族精神"，认为一个国家历史人物是最有价值的塑造未来的资料，要特选历史上志士仁人杀身成仁舍生取义之事迹，作为公民教育之材料。这种辩证对待传统文化和西方文化的科学态度，既体现了充分的民族自信，也洋溢着充沛的现代意识。

1. 平民教育的宗旨目的和最后的使命

吾辈发宏愿，奋勇气，本愚公移山的精神，尽心竭力、努力于平民教育，为培养国民的元气、改进国民的生活，巩固国家的基础；期望三万万以上的同胞，普遍的得到做 20 世纪的人最低限度必不可少的基础教育。

中国人对于读书观念，常有一根本误谬观念，以为读书是读书人的事业，其他的人可以不必读书。以致国内只有一小部分人读书，最大多数人愚蠢，以致产生许多痛苦和羞耻的事。全国三万万以上的文盲，名为 20 世纪的共和国的主人翁，实为中世纪专制国家老愚民，当今世界为民族知识的战场，以目不识丁的民族，和饱受教育的民族相竞争，瞎子斗不过明眼人，这是何等显明的事由——中国的问题虽然复杂，但必须先从发生问题上的"人"去求：因为社会的各种问题，不自发生，自"人"而生，发生问题的是"人"，解决问题的也是"人"。故遇着问题不能解决的时候，其障碍不在自身，而在惹出此问题的人。所以中国的问题欲求根本解决方法，还非从四万万民众上去求不可。

吾国民数号称四万万，但未受教育的，竟多至三万万以上，其"智识力"如何不待言。产业不兴，生活艰窘，穷民饿莩，遍地皆是。其生产力如何不待言。举国之人勇于私斗，而怯于公战，轻视公义，而重视私情，其团结力公共心如何更不待言，以如是的国民，来建设 20 世纪的共和国家，无论采用何种主义，施行何种政策，一若植树林于波涛之上，如何可以安定得根！

吾辈羞视三万万以上的同胞在 20 世纪的文明世界而为文盲；吾辈恐惧四万万的大民族，不能生存于知识竞争的世界，吾辈愧为民主共和制度下的人民，不能自立自新而影响及于全世界的祸乱；更羞毋见有 5000 余年的历史，自尊为神明贵胄黄帝子孙，对于 20 世纪文化无所贡献？四顾茫茫，经夜徘徊，觉舍抱定"除文盲作新民"的宗旨，从事于平民教育外，无最根本的事业，无最大的使命，无最有价值的生活。吾辈发宏愿，奋勇气，本愚公移山的精神，尽心竭力、努力于平民教育，为培养国民的元气、改进国民的生活，巩固国家的基础；期望三万万以上的同胞，普遍的得到做 20 世纪的人最低限度必不可少的基础教育。

中西旧文化的中心关系，大都限于少数人（阶级）的贵族的范围。即 19 世纪以来，欧美政治上流行的民众主义，也不过程度的差别，以 20 世纪新趋势的文化眼光去重新估价，无论中西文化，其价值都要发生变动，大起兴革，故当今日全世界新旧文化过渡的时期，我中华四万万多的人民，承 5000 余年文化丰富的历史，正当努力去发挥新光彩，以贡献于世界。吾辈所以从事于民众教育的事业，就先从根本上垫高我民族的程度，然后本吾辈毕生的经验、全副的心血，合四万万同胞的聪明才力，对于促进 20 世纪的新文化，尽我民族占全人类四分之一的责任，这是平民教育最大的使命，即我同仁共矢不渝的精神。

原载吴相湘：《晏阳初传》，《平民教育的宗旨目的和最后的使命》（1927年）摘要

2. 中国农村教育与农村建设问题

深信学术可以解决问题，有伟大之精神，必能成伟大之事业。

敝人久不作讲演，因自民国十二年以后即努力于平民教育工作，近五、六年来，在定县研究实验农民教育与县政改革，既无宣传之必要，故亦不作公开讲演。惟来此听讲者多数为研究教育之同学，定县之工作又偏重于教育，阳初为责任心所驱使，实不能不来向诸君说话。今日所讲者多为阳初十余年来之心得，诸君既多为研究教育者，或亦可供诸君之参考。

所谓教育，并非指一般的及普通的教育，普通教育并不难，欲其切合实际方为难事。最切合于实际之教育为农民教育。一般人以为教育之目的，乃在产生伟大光明灿烂之中国。吾人之希望又何尝不是如此，惟此种希望，实太迂远。今日中国，危亡已迫于眉睫，今日所应施之教育为最低限度最基本必不可少者之救亡图存之教育。中国此时可为一非常之时代，而各处所实施之教育，似为一种普通之教育，"一切正常"，国家岂能维持！如现在乡间一般儿童所读之课本，仍与 10 年前大同小异，即可证明。须知吾人今日之唯一目标，为救亡图存，我辈虽无希望，然为我辈之子孙着想，岂能仍令其与吾辈受同样之处境。

予以为当此非常时代，必须有一种计划教育，教育之内容与方式以及一切的一切，均须有计划。按敝人 10 年来于困苦艰难中所得之经验，欲达到救亡图存之目的，最急需最迫切者有三：

第一，培养知识力，最低限度须培养其知民族意识与国家观念，能够自觉自强。吾人站在教育者的地位，一切一切都在启发他们。

第二，培养科学的生产力，更换那些老农、老圃的旧习惯旧技术，使其了然于人力可以胜天，一切自己均可创造，即养成其自给自养之能力。

第三，培养组织能力，养成纪律生活，方能自卫自保。

集中以上三种能力，始足以言救亡。同时实施此种教育，尤须注意目标、计划与策略三方面。如农村中有成人、青年与儿童，对于成人，因彼等在乡间极有力量，欲其为我等之助力，对之须用开导方法。对于儿童因其为国家之基础，故须用培养方式。至吾人所视为最重要者为青年，为十八、九岁至二十五、六岁之青年。因彼等年富力强，可以继往开来。姑就定县而论，全县40万人中，就有8万青年农民，以全国4亿人计算，中国农民青年至少有8000万，除去1000万已受教育者外，尚余7000万人。欲救亡图存，必须抓住此7000万青年。将他们组织训练起来，给他们以文字智识与其它公民训练，及保健卫生的智识与训练。养成此数千万充实与健全之青年以后，有什么计划有什么目标必能成功，讲到总动员，才真正有员可动。

中国自鸦片之战以后，经过甲午之战，到日本提出二十一条时，经过一次刺激，一般有志之士即想出一个救亡的方法。忽而学东洋，忽而学西洋，今日忙这样，明日忙那样，但都没有把根本拟清，所以仍然是束手无策。今后我们必须拿定主意，下大决心，钻进农村，深入民间，造就这8000万的农民青年，叫他们来担负这民族再造的使命。我等在定县所研究实验者，并非为定县。定县乃系一个实验室，我们要研究出一套内容与结果，故必须切合以下四条件者：一，是否经济，二，是否简易，三，是否切合实际，四，是否有基础。能合此四条件，方易普遍推行，才能对于广大之民愈有益。

总之，定县之工作，系为研究实验，重质而不重量，一切系由下而上。10余年来，集中各方人才，根据民情。应用科学，所获得之结果，均系如此。至于农村建设，即欲以政治的立场加以推动，一方面是政治组织问题，一方面是行政人才问题。所谓县政改革乃为建设而改革，乃欲将以前专司收税审问官司之衙门，变为实施救亡教育建设各种基本工作之机关，服务人民，建设地方，以求政治之根本改革，此乃系由上而下，若与上面所说者相辅而行，我们一定有光明灿烂之前程。

总之，当此山穷水尽之时，只有农村有光明的希望，深望一般青年发挥宏愿，施展宏才，好静者作研究工作，好动者作推广工作。深信学术可以解决问题，有伟大之精神，必能成伟大之事业。前途荆棘最多，然只要大家能够任劳任怨，下大决心，为农民，为中国，甘愿受罪，不但青年自己有了出路，即整个中国亦有了出路。

原载《民间》第 1 卷 23 期，1935 年 4 月。这是作者在北京大学的讲演词

3. 中华平民教育促进会农村建设育才院缘起

中华平民教育促进会历年在农村研究实验之中，对于中国根本救亡之道，愈发认得清楚：……其最后的成功关键，则在于有一批多数能够担任建设事业的基本人材。

中华平民教育促进会历年在农村研究实验之中，对于中国根本救亡之道，愈发认得清楚：要在农村建设，而农村建设的重要条件在有适应农村需要、切合农村能力，从政治、经济、教育各方面联锁而成的一套学术、方法、材料、工具和实施机构；其最后的成功关键，则在于有一批多数能够担任建设事业的基本人材。

数年以来，全国公私学术团体，从事于农村建设运动者日见增加，有如雨后春笋。当初看法虽然各有不同，大致总是殊途同归的。最近中央行政机关及各省地方政府，亦渐渐明显的采取农村建设，以定施政方针。故农村建设运动，到今日已成为国中普遍现实要求。迈进既速，范围愈广，方面愈多，因之人材的需要愈感觉很迫切。

可是此种人材，必须具有下列几种条件：第一，要有现代的高等教育的良好基础；第二，要有深入农村吃苦耐劳的身体与精神；第三，要有关于农村建设应有的专门知识与技能；第四，要有服务农村社会的经验；第五，要有认识中国各种复杂问题及随时自动求解决方法的能力。

欲求具备以上五种条件的人材，环顾国中，实难其选。凡躬亲田舍实际工作的人，皆有苦无后起之秀，可以继续担任艰巨任务之感。其所以如此之缘由，不外农村建设运动。到了今日虽然到处风起云涌地提倡，而其成为实际的事业，究竟还不过刚刚起头。所以在事实上无从得大批的合于以上五种条件的农村服务人材，而青年有志之士，亦每每苦于无献身之路。

现在全国各地——无论是政府机关，或社会团体，凡认识农村建设的重要性，并打算在这上面有所建树的——开首最感苦闷的问题就是求不到相当的基本人材。因此之故，有的地方不得已而创办短期训练人材的机关，希望于短时间内训练成一批人材，这虽然可以救济一时的急需，但不能根本地解决这个难题。

因为现在各地的农村建设事业方在开创时期，其所需要的人材是开创的、基本的、能做领袖的，同时又要具有专门知能。此种人材的培养方法，须有二种必要的条件，一是属于环境方面的，二是属于导师方面的。其属于环境的条件有四：1. 当地原是农村；2. 当地已有农村建设之基础工作；3. 当地的农村建设工作兼有研究实验的设备；4. 当地的工作及设备是整个体系的农村建设。其属于导师的条件有二：1. 要有关于农村建设各方面的学术专家；2. 要有富于实际经验的农村事业家。具备以上两方面的必要条件，始有训练今日所需要的各地的农建基本人材的基础。平教会同仁深入农村，十年以来如一日，一方面努力研究实验的工作，一方面常憬憬于训练人材的责任。辱承各方面之委托，零星从事训练者殆年年有之。至于各地方最近行政当局以兹事相商榷，而且以设计主持相委属者，更见日多一日。同仁等徘徊考虑，深深感觉农建前途发展愈速，愈无人材以资因应，这是最危险最可忧的事情。但是要培养大量的基础人材，以应各方面的需要，决非一手一足所能办，自非结合全国有关系的各方面，联成一气，才能完满进行。

同仁本此意旨与各地方行政当局及各农运团体、学术专家往复商讨，都以为今日之急，莫急于训练农建基本人材，复录各方之切望，以平教会具有相当的基础，当勉力担任此项人材训练的事业。本会本历年的宗旨，应现时的需要，得各方的赞助，于是着手农村建设育才院的计划与筹备，决计在本年7月1号成立。

育才院之主旨专在根据平教会历年之研究实验，为应全国农村建设工作之要求，培养行政上技术上具有专门学识与实地经验之领袖人材；同时亦根据平教会研究实验之基础，继续做关于农村建设各方面应用学术工具方法材料与实施机构之研究实验。两者之关系有如车之两轮，人材愈多则研究实验之效果愈著，研究实验之效果愈著，则训练之内容愈丰。

育才学院的学术设置现有四所：1. 教育研究所；2. 经济政治研究所；3. 卫生研究所；4. 农事实验所。四所之中又各就其内容而酌分若干门类。

研究生各本其已往之服务经验及研究心得加入各所后，从事于各项实际问题之探讨与各项实施工作之练习。同时采取分队联锁办法，使各研究生能彻底了解运用"计划的农村建设"之内容与机构，一旦担任各地之农建工作，即能以整套之人材来实现整套之计划。

育才学院之设立，事属创举。虽以平教会历年在农村之研究实验为中心，非与国内外对于农村建设有关的学术团体结互相联锁合作的关系，断难圆满达到培养农村建设基本人材的目的，这是本会同仁所兢兢自勉而尤切望国内外学术团体各种专家予以助力的。本院另有组织大纲及学则，现在不过略述开办旨趣，以就教于国人。

原载《民间》第 2 卷第 4 期，1935 年 6 月

4．育才院六大教育目标

有一分才气，而又肯流九十九分血汗。

中国现在的问题是"才荒"。育才院乃为作育人才，解救"才荒"而创设。

所谓"才"，大约可分作 3 种：

第一庸才——庸庸碌碌，无足轻重。

第二奴才——成事不足，败事有余。

第三天才——有一分才气，而又肯流九十九分血汗。育才院作育人才而不敢说作育"天才"。然而有人才，就必然可以产生天才。

每个人才都必须具有 6 个条件，我们就以这 6 个条件训练本院的学生。这就是我们教育的六大目标：

第一，劳动者的体力

一、利用自然环境，爬山游泳；

二、养成最低限度的卫生习惯；

三、养成健康的思想；

四、自力生产，以锻炼体魄。

第二，专门家的职能

一、都有一技之长；

二、即学即作，即作即习；

三、理论与行动一致。

第三，教育者的态度

一、人人都是可造之材；

二、学而不厌，诲人不倦；

三、作之君，作之师。

第四，科学家的头脑

一、对一切求真知；

二、用科学的态度来解决一切问题。

第五，创造者的气魄

一、不苟安，求进取；

二、不享受，不畏难；

三、敢作敢为，耐劳任怨。

第六，宗教家的精神

一、有信仰坚定不渝；

二、临大难处之泰然；

三、重博爱爱人如己；

四、能牺牲舍己为人。

原载《院讯》第 3 卷第 1—4 期合刊，1940 年，原标题为"本院六大教育目标"

5. "误教"与"无教"

因为乡村师范的学生都是有志改进乡村的。村政弄好了，县政当然也要随之而好，省政，国政，自然整个的就会上了轨道。

我国人民占世界五分之一，有几千年悠久的历史，数千万方里的土地，现在受人侵略，无法抵抗，人家的飞机大炮，如入无人之境，这是怎么一回事呢！华北紧急，全国动摇了。你们是有血气有思想的青年，试想一想，中国为什么到如此田地？我以为根本的原因是"误教"与"无教"。何谓"误教"与"无教"呢？中国现在受教育的人很少，而所受的教育，又多是不切实用的。所以有"教育误人"，"教育杀人"的这种说法，这就是"误教"的意思。四万万人口中有百分之八十没有受过教育，这就叫做"无教"。中国数千年来的旧教育，现在已经整个的推翻了，可是新教育尚未产生。现在所谓"新教育"，并不是新的产物，实在是从东西洋抄袭来的东西。日本留学生回来办日本的教育；英美留学生回来办英美的教育，试问中国人在中国办外国教育，还有什么意义？各国教育，有各国的制度和精神，各有他的空间性与时间性，万不能乱七八糟地拿来借用。现在的学生是在学日，学美，学英，弄得一塌糊涂。学非所用，用非所学，所以许多大学生都在失业，而国家却闹人才缺乏的恐慌。人找不着事，事找不着人，这是充分去模仿外国的结果，整个教育因此破产。

中国人办教育不知道中国的情形，随便把外洋的东西搬进来：好像一个人害病，不问他的病源，任意给他吃药，一定要弄坏的，所以教育办了几十年，对于中国本身没有发生什么好的影响。你若去问一个统计学家，中国现在有多少人口，他一定回答说大约是四万万吧！有的说三万万五千万，有的又说四万万五千万，其间差了这样大的一个数目，全没有确实的调查。譬如人家问你家里有几口人，你都不能回答，这岂不是一件最耻辱的事。中国人不知道日本的事，不知道苏俄的事，情有可原；中国人而不知道中国的事，这真是罪无可恕了。中国现在金矿有多少，煤矿铁矿有多少，耕地有多少，森林有多少，有人知道吗？但是日本人会知道，美国人也会知道，说起来是如何的痛心啊！为教育而教育，为学校而学校，学生毕了业，就不管他失业不失业了。甲校如是，乙校亦如是。大家不知道为什么去办学校，不明了社会上的问题，去根据问题而定方针。只晓得照样画葫芦，人家怎样做，我们就怎样做。甚至有人为饭碗而办学校，这更是不堪问问了。

中国人的大毛病，是说而不干。你看有好多人只管在那里说，"教育误人"，"教育杀人"闹得声彻云霄，而无人实地去改造，更有谁能认真吃苦，到乡村去！大家具有一种得过且过的心理，以为别人不去，我何必去呢？得过且过，已经过了4000多年。须知时至今日，已不是"得过且过"的时期，乃是求得过亦不能得过的时候了。我们敌人的枪口，一天一天向我们迫近，我们怎样还不觉悟，还是偷闲躲懒，不肯去干。我们常见有人写文章，骂教育，结果还是空论一场。我们怎样说就要怎样做。要怎样做，就要先认识中国情形，认识社会情形，亲身到社会里去体验。

中国教育堕落到这种地步，如何得了？所幸误教尚少，假若误教普及了的话，那只有坐以待毙。现在还有百分之八十的"无教"者，正待我们去普教，故中国前途尚有可为。我们不应当再拿外国教育去教他们，要创造一种中国教育。要用中国药来医治中国病，且要看清病源，然后再去下药。

今后新教育的途径是：不要再模仿别人，要自尊自信，自己创造。外国的科学我们要学，外国的教育，自有他们的背景，我们如何能够毫无目的盲目抄袭呢？

个人的行动，也是随时代而变迁的，现在你若仍不出户门，坐在家里读书，那是不成功的。中国人最低限度要明了中国的情形。想明了中国的情形，不是要去调查南京、上海、天津、北平的大都市，是要深入农村。因为中国四万万人不是完全住在都市，有百分之八十以上的人口，住在农村。从前说"秀才不出门，能知天下事"，读书人自作聪明，所以而成了现在的状况。"闭门造车","纸上谈兵"的空计划，绝对不可靠。明了事实，才能发现问题，发现了问题的因果，才能计划改造的方案。

要想知道民间实况和疾苦，没有数字作根据，便不知从何处下手，所以要有调查统计的工作。现在说到诸位同学来到这里预备将来去做建设农村，复兴民族的工作：各位要知道教育的基本不在大学和专门学校，是在小学。比如建筑房屋，没有坚固的基础，就不能筑成一座高楼高阁。没有好的小学，又从那里去得到好的大学生和专门学生？小学的目的是为教育这广大的民众的，所以很重要。留学生从外国回来，他们心目中成了一个做大事，做大官的观念，谁还顾及得到小学教育。所以有人说中国人忘本，本就是基础。我们把基础教育称做小学教育，所以人人以为它小，便不愿去干。孙中山先生曾经说，中国人与西洋人不同的地方是从很小的事情上，就可以看得出来。譬如建筑房子，外国人行奠基礼的时候，非常隆重；中国人却要到上梁的时候，才大行庆贺。从这一点就可以看出中国人只重外表，不重基础。

"师范教育"这个名词倒是很好的。师范二字的意义，是说既可为师，又能做范。有许多做先生的不见得就能做人的模范，能够做人模范的，却都可以做人的先生，希望你们能够做人的先生又能做人的模范，真正负起乡村师范教育的使命来。去教育那广大的平民与农村中的大多数的儿童，这种责任是何等的重大！

我们能够去教育那么大的民众，"无教"也就要变成"有教"了，但是我们怎样去教他们？这却是一个重大的问题。中国社会需要什么，我们就应当去教他们什么。要明白现在已经是 20 世纪了，不是"日出而作，日入而息"的时代了。现在是飞机、大炮、毒瓦斯的时代！我们要做一个"现代人"，一方面要不忘本，换句话说，就是不要忘记我们是中国人，一方面要应用欧美的科学，要有驾驭自然的本领，一扫从前那种靠天吃饭，信赖命运的行为，换上一副创造新天地的气魄，这才能有办法。不然，你就不配在这 20 世纪生存。

但是怎样才能使你做一个现代的人呢？唯一的办法，就是"吃苦"两个字。你能吃苦，一切都能如你的愿。我国有句俗语："吃得苦中苦，方为人上人"，这句话的确含有真理。美国有句话说："总统出自茅庐"，我希望你们努力吃苦，在教师指导之下为去苦干，去造就自己，把自己造就成一个民族的仆人，大众的仆人！

苏俄在十几年前，世界上没有一个国家理他，不许他加入国联，可是现在还不到20年，各国都把他当作佳宾，先后同他复交，国联也很恭敬地请他加入。给他一个常任理事席，使濒将破产的国联，因他得以支持，这是何等的荣耀？可是苏俄在这十几年内的苦也真吃够了，全国人民节衣缩食，为的国家的建设，因此才有今日。所以，我们要下决心：洗尽从前那种"万般皆下品，惟有读书高"的心理。这种念头在前一二百年或者还可以，到了20世纪的今日，是不可能的。要知道，在你我的生命范围内，都没有幸福的希望！

在我国今日这种民穷财尽，天灾人祸交逼的时候，人民真是不能说不算吃苦，但是这种吃苦能算是有目的，有意义的吃苦吗？我们要效法苏俄那种有计划，有目的，有意义的吃苦。

衡山省立乡村师范在湖南是很重要的一个乡村师范学校，今后基础教育的奠定，全在各位的身上，所以希望你们能够去吃苦。

德国之所以能有今日，虽在他精强的兵力，但是，根本的原因，是在师范教育办得好。就是我国现在各处实验县的中心工作，也是在普及平民教育，造就干部人才，而干部人才，又多半是出在乡村师范的。因为乡村师范的学生都是有志改进乡村的。村政弄好了，县政当然也要随之而好，省政，国政，自然整个的就会上了轨道。这样方能安内攘外，这样我们方能生存于20世纪！

最后我希望各位的有两点：（一）对于学问的追求：学问的重要，是人人都知道的，无论做什么事，都非有学问不可。别的且莫讲，就以你们本身而言，就得认识社会的整个面目，至少也要知道湖南衡山这一个小圈子，一方面还得明白些做人的道理，多有些常识才行。（二）对于人格的修养：中国能通中西古今有学问的也不少。可是他们的学问尽管好，若是没有人格，恐怕他们的学问越好，他越能够卖国。有许多什么日本通，美国通，苏俄通，……根本就通错了，这是什么缘故呢？缘故是没有人格的修养。所以我觉得学问还在其次，人格却最要紧，我们要有"富贵不能淫，贫贱不能移，威武不能屈"的操守！

各位同学，国难已到这样不可收拾的地步，我们若再不努力，就只有灭亡一途。国家亡了，就是要爱国也无国可爱，到那可就悔之晚了。希望各位同学永远不要忘记我今天所讲的话。

原载《民间》第 3 卷第 12 期，1936 年 10 月，系晏阳初在湖南衡山师范学校的讲演词

6. 十年来的中国乡村建设（节选）

乡村建设运动当然不是偶然产生的事，它的发生完全由于民族自觉及文化自觉的心理所推迫而出。

一、乡建运动的渊源

自从国民政府在南京成立以来，距今已整整 10 年了。在这 10 年内的中国，内忧外患交迫而至，几无日不陷于纷争凌乱的漩涡中。在此纷争凌乱时期以谋建设，实有许多阻碍与困难。然而在国人共同的要求下，建设事业在这 10 年来，虽未见有其整个计划，但也零零碎碎地有一点进步的活跃气象。乡村建设便是一个最明显的例，最初由一二团体发起的实验工作，渐渐地雨后春笋般簇生于全国。10 年来苦干的经过，无论在质与量方面都有其进展的事实可为一言。

乡村建设运动当然不是偶然产生的事，它的发生完全由于民族自觉及文化自觉的心理所推迫而出。所谓民族自觉就是自力更生的觉悟。一切高呼打倒帝国主义或帝国资本主义曾经狂热一时的目标，都变成了胰子泡样的空虚口号，在民族自身没有力量之前，一切的一切都是废话。涨红了脸吹破了胰子泡以后，沉下心来反求诸己，觉得非在自己身上想办法，非靠自己的力量谋更生不可。这就是所谓自力更生的觉悟。乡村建设便是这个觉悟的产儿。因为——回头来想到自己，就发见中国的大多数人是农民，而他们的生活基础（Culturalbase）是乡村，民族的基本力量都蕴藏在这大多数人——农民——的身上，所以要谋自力更生必须在农民身上想办法，而自力更生的途径也必须走乡建的一条路。他方面，中国近百年来因与西洋文化接触，反映出自己文化的落后，事事都不如人，同时国内的社会秩序，政治制度，礼俗习惯，所有一切的生活方式都发生变化。固有文化既失去其统裁力，而新的生活方式又未能建立起来，因而形成文化的青黄不接。思想上更呈混乱纷歧的状态；有的主张复古以挽救已动摇的局面，有的主张追步西方的现代途径，更积极一点便唱全盘西化。到了现在，无疑地，新文化已在中国人的生活上和思想上都具有极明显的影响，然而传统文化的积力仍然把每个中国人牵引着不容易往前走。这种文化失调的现象实有从根本上求创应（Creative Adaptation）的必要。这样就想到"人"及其生活基础的改造。而中国的"人"的基础是农民，其生活的基础在乡村，所以结果也就逼上乡建的一条路。

基于以上两个波动——民族自觉与文化自觉——就涌生了今日乡村建设。

二、中国问题的认识与解决的着手

中国今日之所以有问题，可以说完全由外来势力所激起。假如中国没有外力进门，环境不变，或者还会沉沉地长睡下去。自外力闯入以后所发生的剧烈变化，使中国整个的国家日陷于不宁和纷乱的状态，而受祸最烈的莫若乡村。诚如梁漱溟先生所说："中国社会是以乡村为基础，并以乡村为主体的。所有文化多半是从乡村而来，又为乡村而设——法制、礼俗、工商业等莫不如是。在近百年中，帝国主义的侵略，固然直接间接都在破坏乡村，即中国人所作所为，一切维新革命民族自救，亦无非是破坏乡村……"国人因鉴于乡村之破坏乃起而有救济之举。更因为乡村无限止地破坏，迫得不能不自救，乃再进而有乡村积极建设的要求，于是乡村救济运动就成为积极的乡村建设运动。且更进而有重建一新社会构造的要求，认中国问题为整个的社会结构问题，所以"乡村建设，实非建设乡村，而意在整个中国社会之建设。"（具见梁著《乡村建设概论》）

还有，中国的社会结构问题也就牵连到具体的"人"的问题。因了文化失调的高度而陷社会结构于纷崩，因了池湖积水的污浊和潴乱，而益萎竭了鱼的生命。中国人——尤其是大多数的农民的衰老、腐朽、钝滞、麻木和种种退化的现象，更叫中国整个社会的问题，严重到不可收拾。实在可以说，社会各种问题，不自发生，自"人"而生。发生问题的是"人"，解决问题的也该是"人"，故遇着有问题不能解决的时候，应该想及：其障碍不在问题的自身，而在惹出此问题的人。所以中国四万万民众共有的各种问题，欲根本上求解决的方法，还非从四万万民众身上去求不可。在这认识之下，民众教育——或者简直农民教育的工作，可以得到一种有意义的看法。因为问题既在人的身上，所以从事"人的改造"的教育工作，成为解决中国整个社会问题的根本关键。定县的四大教育因而有其积极的建设的意义。所谓四大教育，就是针对着多数民众的四大病象——愚、穷、弱、私——而设立。我们从农民教育的试验中，认识了培养他们的知识力、生产力、保健力和团结力的必要，而这些力量，是从组织而来。要造成组织，惟有从组织的教育下手。教育是组织的基础。没有教育，——没有组织教育，组织是不可能的，即使具组织的形式，那是凑合的而不是真正的、自动的、内发的组织。只有自动的组织才真能有力量。所以我们要培养力量，还得从教育起始。有教育才能自动组织，有组织才能有自己的力量，才能有共同的力量，才能应付困难问题，创立新的生活方式，建树新的社会结构。

认识了这个具体问题，在实际上求解决的方法，在邹平则有乡农学校，较明细一点就是乡学村学。这个乡学村学的办法，原则上就是教育民众以组织的能力。诚然，乡村问题的解决，一定要靠乡村里的人；如果乡村里的人自己不动，等待人家来替他解决问题，是没有这回事情的。乡村问题的解决，天然要靠乡村人为主力。我们组织乡村的意思，就是要形成这解决问题的主力。但是有了乡村人为解决问题的主力就够了吗？不够！单是乡村人解决不了乡村问题，因为乡村人对于问题只能直觉地感觉到，而对于问题的来源，他们不能了解认识。……所以乡村问题的解决，第一固然要靠乡村人为主力；第二亦必须靠有知识、有眼光、有新方法、新技术（这些都是乡村人没有的）的人与他们合起来，方能解决问题。近十年来知识界"到民间去"呼声的远振，便根据着这种需要而来。

　　……

七、前　瞻

乡村建设运动在过去十年来的努力，其工作的表现与影响，已大略加以说明。今后，全国统一的局面已日见巩固，政治已渐渐上了轨道，国家的建设，正可以在整个的具体的计划之下，计日程功地看着迈进。乡村建设的大业，在这个时候，希望由政府加以提倡和督促，把它放在整个的建设计划之中，求其贯彻。他方面，乡建运动者，亦应从整个国家的建设计划上着眼，依据其积年研究实验所得之基础，进一层寻求问题，作更深的研究实验。使乡村建设的学术方案与实施机构，很和谐地配合于整个的建国方案与体系之中，同时乡建运动的最近将来，必须盛行培养乡村建设工作上各科行政或技术人才，以供全国各地的急需。这人才的训练与方案的研究，有如车之两轮，交相为用。人才愈多，则研究的效果愈著，研究愈著，则训练的内容益丰。

新社会构造，自然非一朝一夕所能奏功，"人"的改造，尤非一蹴可及。乡村建设运动此后的任务，在抓住几个要点，认真地切实做去，才能较大贡献于新中国的创成。例如农民青年训练，确是乡建工作的基石。现在各国，尤其法、意、俄、日，都是注重这一点。农民青年训练，要顾到两个条件：一是教育的制度；怎样使教育成为培养青年的有效动力而不落空，使个个青年，不但都有出路，而且成为新社会构造中的基本分子。同时，政治方面，应给予助力，来促成这种青年训练工作；所以有县政建设的要求，使每一个县份，都能有适宜于促进青年训练工作的政治机构。这就是说：我们要集中于青年力量的培养及政治机构的建设。如此，用政治力量，助成教育的设施，用教育的力量来训练和组织青年，使成为新社会的核心与示范。这样做下去，必定可以达到建成新中国，创出新文化的最高目的。乡村建设运动的目标在此，十年来所努力的意义和希望亦在此。

原载《十年来的中国》一书，商务印书馆 1937 年出版

7. 为和平而教育世界

人民是国家的基础，也是世界的基础，若这一个基础的强大稳固，人类便幸运地享受安宁，若失去这四分之三的广大基础，世界一切都拒之落空。

在这里我们先提一段历史，1925 年，太平洋国交讨论会，因为受了欧战的教训，知道整个世界的和平不那么容易就能实现，不如先从维持太平洋沿岸各国的和平做起。于是美国国民发起，召集沿太平洋 9 国代表开会于檀香山，这是一个很好的理想，开会两星期，讨论了许多重要问题。出席代表都是各国在野名流，不是掌握政权的军人，或野心家，所以说话很痛快，很恳切。每晚有演讲，一共 12 次，最后一次请中国代表演讲，我就把中国的平民教育运动这一种精神，历史，以及在中国努力的经过给大家报告，并且说明这个运动如果成功，不但与太平洋，而且与整个世界和平有绝对关系。演讲完毕，在坐 100 多位代表如狂一样的欢呼，对这个运动表示同情与赞佩。主席美国威尔伯博士起立结论，他是胡佛总统时代的内政部长，司丹佛大学校长，他有几句话值得记住："我们开了两星期的会，讨论了 60 个不同的问题，听了 12 位演讲，但以今天这一次为最有价值。照我看，以中国物力的富足，历史的伟大，假使四万万民众都受了教育，我敢说，那，中国是维持世界和平唯一的主力。中国要世界乱，世界不敢不乱；中国要世界平，世界不敢不平。"

回溯欧战中的华工教育，荏苒便已二十多年了。到今天我们这一种以全民大众为对象的教育运动还没有达到目的。我深信如果这一个全民教育运动一天不实现，那中国必然地一天无办法。大家要知道平民教育的"平"字意味着什么？他是平等之平，平社会之不平的平，要世界各国都承认中国人的平等的平，世界一天不承认这一点，世界就不平一天，社会上如果一天没有承认平民教育的重要，不把平民教育作为立国的生命，立世的生命，社会就不平一天。非社会平等，人人受教育，世界决不能和平。中国三万万以上的平民，潜伏着的雄厚力量，必得下决心教育、开发、培养、组织、训练、运用，20年后的今天，国家又是一个新阶段。

全世界有四分之三的人是属于苦力阶级，苦力阶级是全世界的最丰富的未开发的资源。除非用教育的力量把苦力们加以教化，任何一个国家都无法获得进步，世界上的领袖们，拼命地在叫和平，和平，可是，除非你教育人民大众来参与本身的改造工作，否则就不会有真正的和平。

原子弹发明后，把世界一打就打成一片，一打就打成一家，国际潮流趋向民主，中国不得不民主。民主叫民"主"什么？怎样"主"？这是一大问题。中国人民如果还是在"贫愚弱私"里生活，同时习惯了成自然，贫惯了不知贫，愚惯了不知愚，弱惯了不知弱，私惯了不知私的醉生梦死地下去，中华民族没有前途。我们要三万万以上的广大民力，普遍地开发出来。运用教育三大武器：一、文字：如报纸、杂志、丛书，使民有阅读的机会，发表的机会，培养民意，造成民力。我国最大的报纸，推销最多的不过几十万份，中国有四万万人民，为数实在可怜，我们要广大人民都能阅读，都能发表，平民的报纸，平民的杂志，平民的丛书，是不可缺少的。二、电影：使广大人民都有机会欣赏电影，电影可以启发国际精神，提高人类意识，灌输生产技能，培养科学知识，电影活动在平民教育的广大中是很有力量的。三、广播：中国语言的不统一，人民的知识水准低落，广播收效困难，不过二三十年后必然普遍运用的，新中国的新生命，是在三万万以上的平民身上，新人类的新前途是在四分之三的人民大众的身上，他们的基础教育，便是世界改造，人类和平的动力源泉。人人都能取得这样善良的教育，世界一切的自由，都从这里创造出来，国际一切的平等都从这里建设出来，所以，免于愚昧的自由，就是取得教育的平等，取得教育的平等，才是国际的真民主，人类的真解放。

人们生长在战争与和平的交替时代中，都奔赴和平的急流，热烈地掌握住永恒的和平，掌握和平的力量。全寄托在整个世界所有的良善人民。就是我国古人的遗训："民为邦本，本固邦宁"。20 年来平民教育运动，在中国普遍地发动了，定县的实验，根据事实问题而施的适当教育与建设，目的在以文艺教育救愚，以生计教育救贫，以卫生教育救弱，以公民教育救私。这四大教育为实际上大多数民众所必需的教育，希望用教育的力量使一般民众能够有组织的自身得到解决这种根本问题的智识能力。

全世界四分之三的人民是缺乏智识的，缺乏温饱的，缺乏健康的，缺乏组织的，他的生活远低于不论种族颜色，宗教等等的任何人类最低限度的生活水准之下，他们还没有离开人下人的时代，这一个世界将是如何的局面？

人民是国家的基础，也是世界的基础，若这一个基础的强大稳固，人类便幸运地享受安宁，若失去这四分之三的广大基础，世界一切都拒之落空。今日，我们不仅是为和平而组织世界，更要为和平而教育世界。和平要永恒，就得奠基于民众之上。人类历史，经过了第二次世界大战的血洗人心，人们站在新的旅程上，迎接新的世纪，这是一个最新的契机，也是一个最后的契机。中国的大改造，世界的大改造，就从这最新的契机中开端。人民的大解放，人类的大解放，就从这最后的契机中起始。

平民教育运动已经是一种世界运动，世界需要它，它不得不存在，不得不发展，它的生命深入整个平民群。今后，各国朝野都要为此共同努力，由平民教育运动出发，打通一条新时代的文化路线，整个人类走向共存共荣共进步的康庄大道。

原载《新教育》第 1 卷第 1 期，1947 年

（本辑文章选自《晏阳初教育论著选》，人民教育出版社，1993 年 10 月版）

陶行知

生活教育思想

陶行知（1891—1946），原名文濬，后改名知行，再改名行知，安徽歙县人。我国近现代著名教育家。

1914年毕业于金陵大学，获学士学位。同年8月赴美国留学，初入伊利诺斯州立大学攻读市政学，第二年转入哥伦比亚大学师范学院攻读教育科学，师从美国著名实用主义教育家杜威教授。1917年夏毕业回国。任南京高等师范学校教授，东南大学教务主任、教育科主任，对教育颇多革新，主张改"教授法"为"教学法"。1921年参与组织中华教育改进社，任总干事。1923年辞去东南大学的职务，从事平民教育运动，转而提倡乡村教育和普及教育运动，创办晓庄师范。1932年起，先后创办"山海工学团""育才学校"等等。1934年主编《生活教育》半月刊。

陶行知毕生以主要精力从事平民教育和乡村教育。他深切感到中国教育改造的根本问题在农村。他立下宏愿，要排除各种困难，筹措一百万元基金，征集一百万位同志，创设一百万所学校，改造一百万个乡村。陶行知教育思想的主体和核心是提出了生活教育理论，它是对杜威教育思想的改造与发展，是对中国传统教育的反思与批判，更是陶行知对自己一系列教育实践的总结与提炼。陶行知生活教育理论包括三个基本观点：生活即教育，社会即学校，教学做合一。

"生活即教育"是陶行知生活教育理论的核心。首先，生活含有教育的意义，指生活决定教育，有什么样的生活便有与之相应的教育，只有在生活中求得的教育才是真正的教育。其次，实际生活是教育的中心。陶行知始终把教育和社会生活联系起来进行考察，认为生活与教育是一回事，是同一个过程，教育不能脱离生活，教育要通过生活来进行。文字、书本只是生活的工具，不是生活的本身，教育要通过生活才能产生力量而成为真正的教育。再次，生活决定教育，教育改造生活。教育的意义在于生活的变化，因此生活教育的内容是随生活的变化而不断发展的。生活是没有止境的，因此生活教育也是终身教育，是与个人生活共始终的教育。陶行知认为，真正的生活教育是"以生活为中心的教育"，是"供给人生需要的教育"，是生活所原有的，生活所必需的教育。"生活即教育"所强调的是教育以生活为中心，所反对的是传统教育脱离生活而以书本为中心，因此，陶行知坚决反对没有"生活做中心"的死教育、死学校、死书本。"生活即教育"在破除传统教育脱离民众、脱离社会生活的弊端方面，具有重要意义。

"社会即学校"也包含两层意思。其一，是指社会含有学校的意味，或者说以社会为学校。陶行知认为，到处是生活，即到处是教育；整个的社会是生活的场所，亦即教育之场所。因此社会即学校。其二，是指学校含有社会的意味。学校通过与社会的结合，运用社会的力量使学校进步。陶行知认为学校如同鸟笼，学生如同笼中鸟，主张学校教育的范围不在书本，而应扩大到大自然、大社会和群众生活中去，向大自然、大社会和群众学习，使学校教育和改造自然、改造社会紧密相连，形成真正的教育。"社会即学校"不是要取消学校，而是要把学校办成社会的中心，让师生直接参加群众生活，并在其中发挥引导作用，同时，也扩大了学校教育的内涵和作用，对传统的学校观、教育观提出了变革主张，有利于拓展学生知识，增强学生能力。

　　"教学做合一"，是陶行知生活教育理论的教学方法论，是为批判传统单一的教授法，反对教师"教死书、死教书、教书死"和学生"读死书、死读书、读书死"的传统教学模式而提出的教学方法论。陶行知反对以"教"为中心，主张"教学做合一"，这就从教学方法上改变了教、学、做的分离状态，克服了书本知识与生活实践脱节、理论与实际分离的弊端，是教学法上的一大改革。首先，陶行知认为，先生的责任不在教，而在教学，在教学生学。这样学生才会形成"自得自动"的品质，才能主动地探知识之本源，求知识之归宿。这是对学生在学习过程中的主导作用的充分肯定。其次，陶行知认为，教的法子必须根据学的法子，教师不能只管照自己的意思去教，要根据学生的实际去进行教学。这种强调激发学生兴趣、一切从学生实际出发的教学法，与现代教学理论精神是一致和相通的。最后，陶行知还认为，教师必须一面教一面学，主张教师要不断研究学问，从而真正达到教学相长。

　　创造教育也是陶行知教育思想的重要主题。陶行知认为，创造教育首先要"迷"，即让学生入迷，形成兴趣，在兴趣的引导下不断成长。其次要"悟"，即要发展学生智力，通过思维的觉悟把握客观规律。最后要"爱"，即培养学生爱他人爱民族爱人类的情感情操。陶行知还提出解放儿童创造力的六大方法：要解放儿童的眼睛，培养其观察生活、观察社会的能力；要解放儿童的头脑，让学生从迷信、盲从中解放出来；要解放儿童的双手，手脑并用，大胆创新；要解放儿童的嘴，言论自由，鼓励发问；要解放儿童的空间，让学生广泛接触大自然和社会；要解放儿童的时间，让学生有时间思考，有时间发问，有时间接触生活。

1. 教学合一

总之：一，先生的责任在教学生学；二，先生教的法子必须根据学的法子；三，先生须一面教一面学。

现在的人叫在学校里做先生的为教员，叫他所做的事体为教书，叫他所用的法子为教授法。好像先生是专门教学生些书本知识的人。他似乎除了教以外，便没有别的本领，除书之外，便没有别的事教，而在这种学校里的学生除了受教之外，也没有别的功课。先生只管教，学生只管受教，好像是学的事体，都被教的事体打消掉了。论起名字来，居然是学校；讲起实在来，却又像教校。这都是因为重教太过，所以不知不觉的就将他和学分离了。然而教学两者，实在是不能分离的，实在是应当合一的。依我看来，教学要合一，有三个理由：

第一，先生的责任不在教，而在教学，而在教学生学。大凡世界上的先生可分三种：第一种只会教书，只会拿一本书要儿童来读它，记它，把那活泼的小孩子做个书架子，字纸篓。先生好像是书架子字纸篓之制造家；学校好像是书架子字纸篓的制造厂。第二种的先生不是教书，乃是教学生；他所注意的中心点，从书本上移在学生身上来了。不像从前拿学生来配书本，现在他拿书本来配学生了。他不但是要拿书本来配学生，凡是学生需要的，他都拿来给他们。这种办法，固然比第一种好得多，然而学生还是在被动的地位，因为先生不能一生一世跟着学生。热心的先生，固想将他所有的传给学生，然而世界上新理无穷，先生安能尽把天地间的奥妙为学生一齐发明？既然不能与学生一齐发明，那他所能给学生的，也是有限的，其余还是要学生自己去找出来的。况且事事要先生传授，既有先生，何必又要学生呢？所以专拿现成的材料来教学生，总归还是不妥当的。那么，先生究竟应该怎样子才好？我以为好的先生不是教书，不是教学生，乃是教学生学。教学生学有什么意思呢？就是把教和学联络起来：一方面要先生负指导的责任，一方面要学生负学习的责任。对于一个问题，不是要先生拿现成的解决方法来传授学生，乃是要把这个解决方法如何找来的手续程序，安排停当，指导他，使他以最短的时间，经过相类的经验，发生相类的理想，自己将这个方法找出来，并且能够利用这种经验理想来找别的方法，解决别的问题。得了这种经验理想，然后学生才能探知识的本源，求知识的归宿，对于世界一切真理，不难取之无尽，用之无穷了。这就是孟子所说的"自得"，也就是现今教育家所主张的"自动"。所以要想学生自得自动，必先有教学生学的先生。这是教学应该合一的第一个理由。

第二，教的法子必须根据于学的法子。从前的先生，只管照自己的意思去教学生；凡是学生的才能兴味，一概不顾，专门勉强拿学生来凑他的教法，配他的教材。一来先生收效很少，二来学生苦恼太多，这都是教学不合一的流弊。如果让教的法子自然根据学的法子，那时先生就费力少而成功多，学生一方面也就能够乐学了。所以怎样学就须怎样教：学得多教得多，学得少教得少；学得快教得快，学得慢教得慢。这是教学应该合一的第二个理由。

第三，先生不但要拿他教的法子和学生学的法子联络，并须和他自己的学问联络起来。做先生的，应该一面教一面学，并不是贩买些知识来，就可以终身卖不尽的。现在教育界的通病，就是各人拿从前所学的抄袭过来，传给学生。看他书房里书架上所摆设的，无非是从前读过的几本旧教科书；就是这几本书，也还未必去温习的，何况乎研究新的学问，求新的进步呢？先生既没有进步，学生也就难有进步了。这也是教学分离的流弊。那好的先生就不是这样，他必定是一方面指导学生，一方面研究学问。如同柏林大学包尔孙先生（Fr. Paulsen）说："德国大学的教员就是科学家。科学家就是教员。"德国学术发达，大半靠着这教学相长的精神。因为时常研究学问，就能时常找到新理。这不但是教诲丰富，学生能多得些益处，而且时常有新的材料发表，也是做先生的一件畅快的事体。因为教育界无限枯寂的生活，都是因为当事的人，封于故步，不能自新所致。孔子说："学而不厌，诲人不倦。"

真是过来人阅历之谈。因为必定要学而不厌，然后才能诲人不倦；否则年年照样画葫芦，我却觉得有十分的枯燥。所以要想得教育英才的快乐，首先要把教学合而为一。这是教学应该合一的第三个理由。

总之：一，先生的责任在教学生学；二，先生教的法子必须根据学的法子；三，先生须一面教一面学。这是教学合一的三种理由。第一种和第二种理由是说先生的教应该和学生的学联络；第三种理由是说先生的教应该和先生的学联络。有了这样的联络，然后先生学生都能自得自动，都有机会方法找那无价的新理了。

原载《时报·教育周刊·世界教育新思潮》第 1 号，1919 年 2 月 14 日

2. 我之学校观

师生共同生活到什么程度，学校生气也发扬到什么地步，这是丝毫不可以假借的。

学校的势力不小。他能教坏的变好，也能教好的变坏。他能叫人做龙，也能叫人做蛇。他能叫人多活几岁，也能叫人早死几年。

学校以生活为中心。一天之内，从早到晚莫非生活，即莫非教育之所在。一人之身，从心到手莫非生活，即莫非教育之所在。一校之内，从厨房到厕所莫非生活，即莫非教育之所在。学校有死的有活的。那以学生全人、全校、全天的生活为中心的才算是活学校。死学校只专在书本上做工夫。间于二者之间的，可算是不死不活的学校。

学校是师生共同生活的处所。他们必须是共甘苦。甘苦共尝才能得到精神的沟通，感情的融洽。国家大事，世界大势，亦必须师生共同关心。学校里师生应当相依为命不能生隔阂，更不能分阶级。人格要互相感化，习惯要互相锻炼。人只晓得先生感化学生锻炼学生，而不知学生彼此感化锻炼和感化锻炼先生力量之大。先生与青年相处，不知不觉的，精神要年轻几岁，这是先生受学生的感化。学生质疑问难，先生学业片刻不能懈怠，是先生受学生的锻炼。这是不可避免的，也是好现象。总之：师生共同生活到什么程度，学校生气也发扬到什么地步，这是丝毫不可以假借的。李白诗说："黄河之水天上来，奔流到海不复回。"这好比是学生的精神。办学如治水，我们必须以导河的办法把学生的精神宣导出去，使他们能在有益人生的事上去活动，倘不能因势利导，反而强事压制，那么决堤泛滥之祸不能幸免了。

康健是生活的出发点，亦就是学校教育的出发点。学问、道德应当有一个活泼稳固的基础，这基础就是康健。俗话说："百病从口入"。同志们务必注意，办学校是要从厨房、饭厅办起的。

生活之发荣滋长必须有吸收滋养料的容量。学校教职员必须虚心，学而不厌。我以为不但教师要学而不厌，就是职员也要学而不厌。因为既以生活为学校的中心，那么各种事务都要含有教育的意义。从校长起一直到厨司、校工，各有各的职务，即各有各的学问要增进。增进之法有二：一是各有应读之书必须读；二是各有应联之专家同志必须联。一个学校要想有美满的生活，必须和知识的泉源通根水管，使得新知识可以源源而来。

学校生活只是社会生活一部分。学校不是道士观、和尚庙，必须与社会生活息息相通。要有化社会的能力先要情愿社会化。

学校生活是社会生活的起点。远处着眼，近处着手，改造社会环境要从改造学校环境做起。全校师生应当以美术的精神共同改造学校环境。凡应当改造的一丝一毫都不肯轻松放过才能表现真精神。师生不能共同改造学校环境而侈谈社会改造，未免自欺欺人。

高尚的生活精神不用钱买，不靠钱振作，也不能以没有钱推诿。用钱可以买来的东西，没有钱自然买不来。用钱买不来的东西，没有钱也是可以得到的。高尚的精神如同山间明月江上清风一样，是取之无尽，用之无穷的。没有钱是一事；没有精神又是一事。有钱而无精神和无钱而有精神的学校，我都见识过。精神是不靠钱买的。精神是在我们身上，我们肯放几分精神，就有几分精神。不关有没有钱，只问我肯不肯把精神放出来。

我们要学校生活生长得敏捷圆满，就得要把他放在光天化日之下。太阳光底下可以滋长，黑暗里面免不掉微生物。所以我主张学校要给人看。做父母的，管学务的，以及纳教育税的人都要看学校。要学校改良，做校长的、做教育的都要欢迎人参观批评以补自己之不足。学校放在太阳光里必能生长，必能继续不断的生长。

我对于学校悬格并不要高，只希望大家把学校办到一个地步：情愿送亲子弟入校求学就算好了。前清往往有办学的人不令子弟入学，时论以为不恕。现今主持省县教育者，亦颇有以子弟无好学校进为虑，甚至送入外人设立学校肆业。真正令人不解。我要有一句话奉劝办学同志，这句话就是"待学生如亲子弟"。

十五、九、二十

原载《微音》第 27、28 期合刊，1926 年 11 月 5 日

3. 我们的信条

我们深信教育是国家万年根本大计。

《我们的信条》虽是我用笔写的，但不是我创的。我参观诸位先生在学校里实际的工作，心里不由人起了好多印象，积起来共有十八项，我就依着次序编成这套信条。所以这是诸位先生自己原来的信条，早已接受实行，今日只是大家共同温习一遍，并下定决心，终身奉行，始终如一。

我们从事乡村教育的同志，要把我们整个的心献给我们三万万四千万的农民。我们要向着农民"烧心香"。我们心里要充满那农民的甘苦。我们要常常念着农民的痛苦，常常念着他们所想得的幸福，我们必须有一个"农民甘苦化的心"才配为农民服务，才配担负改造乡村生活的新使命。倘使个个乡村教师的心都经过了"农民甘苦化"，我深信他们必定能够叫中国个个乡村变做天堂，变做乐园，变做中华民国的健全的自治单位。这是我们绝大的机会，也就是我们绝大的责任。

一、我们深信教育是国家万年根本大计。

二、我们深信生活是教育的中心。

三、我们深信健康是生活的出发点，也就是教育的出发点。

四、我们深信教育应当培植生活力，使学生向上长。

五、我们深信教育应当把环境的阻力化为助力。

六、我们深信教法学法做法合一。

七、我们深信师生共生活，共甘苦，为最好的教育。

八、我们深信教师应当以身作则。

九、我们深信教师必须学而不厌，才能诲人不倦。

十、我们深信教师应当运用困难，以发展思想及奋斗精神。

十一、我们深信教师应当做人民的朋友。

十二、我们深信乡村学校应当做改造乡村生活的中心。

十三、我们深信乡村教师应当做改造乡村生活的灵魂。

十四、我们深信乡村教师必须有农夫的身手、科学的头脑、改造社会的精神。

十五、我们深信乡村教师应当用科学的方法去征服自然，美术的观念去改造社会。

十六、我们深信乡村教师要用最少的经费办理最好的教育。

十七、我们深信最高尚的精神是人生无价之宝，非金钱所能买得来，就不必靠金钱而后振作，尤不可因钱少而推诿。

十八、我们深信如果全国教师对于儿童教育都有"鞠躬尽瘁，死而后已"的决心，必能为我们民族创造一个伟大的新生命。

本篇系演讲词。1926年11月21日，中华教育改进社特约乡村试验学校，在南京明陵小学召开第一次研究会暨乡村教育研究会成立大会，陶行知在会上发表了这篇演说。原载《新教育评论》第3卷第2期，1926年12月10日

4. 教学做合一

教学做是一件事，不是三件事。我们要在做上教，在做上学。

教学做合一是本校的校训，我们学校的基础就是立在这五个字上，再也没有一件事比明了这五个字还重要了。说来倒很奇怪，我在本校从来没有演讲过这个题目，同志们也从没有一个人对这五个字发生过疑问。大家都好像觉得这是我们晓庄的家常便饭，用不着多嘴饶舌了。可是我近来遇了两件事，使我觉得同志中实在还有不明了校训的意义的。一是看见一位指导员的教学做草案里面把活动分成三方面，叫做教的方面，学的方面，做的方面。这是教学做分家，不是教学做合一。二是看见一位同学在《乡教丛讯》上发表一篇关于晓庄小学的文章。在这篇文章里，他说："晓庄小学学生的课外作业就是农事教学做。"在教学做合一的学校的辞典里并没有"课外作业"。课外作业是生活与课程离婚的宣言，也就是教学做离婚之宣言。

今年春天洪深先生创办电影演员养成所，招生广告上有采用"教""学""做"办法字样，当时我一见这张广告，就觉得洪先生没有十分了解教学做合一。倘使他真正了解，他必定要写"教学做"办法，决不会写作"教""学""做"办法。他的误解和我上述的两个误解是相类的。我接连受了这两次刺激，觉得非彻底的、原原本本的和大家讨论明白，怕要闹出绝大的误解。思想上发生误解则实际上必定要引起矛盾。所以把这个题目来演讲一次是万不可少的。

我自回国以后，看见国内学校里先生只管教，学生只管受教的情形，就认定有改革之必要。这种情形以大学为最坏。导师叫做教授，大家以被称教授为荣。他的方法叫做教授法，他好像拿知识来赈济人的。我当时主张以教学法来代替教授法，在南京高等师范学校校务会议席上辩论二小时，不能通过，我也因此不接受教育专修科主任名义。八年，应《时报·教育新思潮》主干蒋梦麟先生之征，撰《教学合一》一文，主张教的方法要根据学的方法。此时苏州师范学校首先赞成采用教学法。继而"五·四"事起，南京高等师范同事无暇坚持，我就把全部课程中之教授法一律改为教学法。这是实现教学合一的起源。后来新学制颁布，我进一步主张：事怎样做就怎样学，怎样学就怎样教；教的法子要根据学的法子，学的法子要根据做的法子。这是民国十一年的事，教学做合一的理论已经成立了，但是教学做合一之名尚未出现。前年在南开大学演讲时，我仍用教学合一之题，张伯苓先生拟改为学做合一，我于是豁然贯通，直称为教学做合一。去年撰《中国师范教育建设论》时，即将教学做合一之原理作有系统之叙述。我现在要把最近的思想组织起来作进一步之叙述。

教学做是一件事，不是三件事。我们要在做上教，在做上学。在做上教的是先生；在做上学的是学生。从先生对学生的关系说：做便是教；从学生对先生的关系说：做便是学。先生拿做来教乃是真教；学生拿做来学方是实学。不在做上用工夫，教固不成教，学也不成为学。从广义的教育观看，先生与学生并没有严格的分别。实际上，如果破除成见，六十岁的老翁可以跟六岁的儿童学好些事情。会的教人，不会的跟人学，是我们不知不觉中天天有的现象。因此教学做是合一的。因为一个活动对事说是做；对己说是学；对人说是教。比如种田这件事是要在田里做的，便须在田里学，在田里教。游泳也是如此。游水是在水里做的事，便须在水里学，在水里教。再进一步说，关于种稻的讲解不是为讲解而讲解，乃是为种稻而讲解；关于种稻而看书，不是为看书而看书，乃是为种稻而看书。想把种稻教得好，要讲什么话就讲什么话，要看什么书就看什么书。我们不能说种稻是做，看书是学，讲解是教。为种稻而讲解，讲解也是做；为种稻而看书，看书也是做。这是种稻的教学做合一。一切生活的教学做都要如此方为一贯。否则教自教，学自学，连做也不是真做了。所以做是学的中心，也就是教的中心。"做"既占如此重要的位置，宝山县立师范学校竟把教学做合一改为做学教合一，这是格外有意思的。

十一月三日

原载《中国教育改造》，上海亚东图书馆 1928 年 4 月版

5. 教育改进

办教育者必须承认所办教育尚未尽善尽美，确有改进之可能。彼应持虚心的态度，彼应破一切成见、武断、知足。

吾人不但须教育，而且须好教育。改进之意即在使坏者变好，好者变为更好。社会是动的，教育亦要动。吾人须使之继续不断的改，继续不断的进。

教育改进包含两方面：有关于教育方针之改进，亦有关于教育方法之改进。教育方针随思潮为转移：有因个人兴致而偶然变更者，亦有因社会大势所趋而不得不变更者。教育方法受方针之指挥约束，必须与方针联为一气。方针未定得准，方法不与方针一致，均与吾人以改进之机会。比如航海，必须先定准方向。方向不定准，无论方法如何敏捷，如何洽意，只是行错路，究不能达目的地。但空悬一方针，船身能否抵制风浪，水手是否干练勇敢，食料与燃料敷用几时，均未打算清楚，则虽有方针，亦难达到目的地。故方针不准，应当改进；方法不与方针一致，亦应改进。航海如此，办学亦应如此。

论到中国教育方针，自办新学以来已经改变五六次。最初要吸收科学而又不忍置所谓国粹者于不顾，所以有"中学为体，西学为用"之主张，此种主张即是当时一种教育方针。光绪二十七年明定教育宗旨为忠君、尊孔、尚公、尚实、尚武。此种教育宗旨即表明其时之教育方针。民国元年，国体变更，教育方针因改为重在道德而以实利教育、军国民教育辅之，更以美感教育完成其道德。民国四年，申明教育宗旨，又改进为"注重道德，实利，尚武，并运之以实用"。民国八年，教育部组织教育调查会，该会建议"以养成健全人格，发展共和精神为教育宗旨"。所谓健全人格须包含："一、私德为立身之本，公德为服务社会国家之本。二、人生所必需之知识技能。三、强健活泼之体格。四、优美和乐之感情。"共和精神包含："一、发挥平民主义，俾人人知民治为立国之根本。二、养成公民自治习惯，俾人人能负国家社会之责任。"民国十一年，第八届全国教育会联合会建议学制系统标准，即是关于教育方针之修正。嗣经教育部公布标准七条："一、适应社会进化之需要。二、发挥平民教育精神。三、谋个性之发展。四、注意国民经济力。五、注意生活教育。六、使教育易于普及。七、多留地方伸缩余地。"此二十余年中，吾国教育方针，每隔四五年即修改一次，颇不稳定，论者辄讥为无方针之教育。其实中国方在过渡时代，又当各种思潮同时交流而至，方针不易固定。即以现在而论，吾人尚在歧路上考虑。吾意不出数年，中国教育方针必须再经一次变更，此次变更后或可较为稳定。中国教育方针已经走过几层歧路，以吾观之，尚有两层最为重要之歧路：第一层，国家主义与国际主义。第二层，物质文明、精神文明与吸收物质文明而保存精神自由，并免去机械的人生观。改革固须改革，究竟如何改革方能进步，实属根本问题。

至于教育方法之改进，所包括之方面更多。……盖今日中国之教育方法亦有两个缺点：一是方法不与方针一致，造就一人不能得一人之用；二是从外国贩来整套之理想与制度不能适合国情，不能消化，不能在人民生活上发现健全之效力。此均为吾人应绞脑筋，运身手，谋改进之急务。

以上论教育方针与方法均须改进，兹进论如何改进之道。

一、办教育者必须承认所办教育尚未尽善尽美，确有改进之可能。彼应持虚心的态度，彼应破一切成见、武断、知足。脑中积有病块，决无改进希望。彼又应承认有问题必有解决，有困难必可胜过，只须自己努力，无一不可以改进。若听天由命，不了了之之人，决不能望其改进。彼或是被人改进，但如无人乐意为之改进，则彼之存在只属幸运而已。

二、改进教育者必须明白自己之问题，又必须明白他人解决同类问题之方法。于是调查，参观，实为改进教育之入手办法。……

三、教育界共同之问题应同心协力共谋解决与改进。故教育会议乃必不可少之事。吾人要求精神之一致、经验之沟通，非有会议不可。前清之中央教育会，民国元年之临时教育会议，民国四年以来之全国省教育联合会以及中华职业教育社、中华教育改进社、中华平民教育促进会等之年会，以及去年大学院之全国教育会议，均与形成全国教育思潮、方针及进行方案有密切之关系。现在国内省有省教育会，县有县教育会，市乡之组织完备者有市教育会及乡区教育会。学校与学校合组之各会议，影响较大者有中等教育协会，附属小学联合会。彼等于各自范围内，所经营之事业各有善良之效验。……

四、调查参观仅为取别人之所知以益己之所不知，会议仅为会合各人之所知以成公众之所共知，吾人决不能藉此种方法以发现新理。不能发现新知，决不是在源头上谋改进。改进教育之原动力及发现新理之泉源，乃属试验学校之功能。我国现在足以当试验学校之名者甚少。……改进教育最有效力之方法无过于以学校化学校。

五、调查必须有工具，方能明白问题之所在；试验亦必须有工具，方能考核方法为实效。此种工具名曰测验。比如医病，教育心理测验仿佛是听肺机、寒暑表、爱克斯光线，较之通常之听闻为可靠。……

六、教育之学术，非可独立存在。彼立于哲学、心理学、生物学、生理学、社会学、经济学各种学术之基础之上。故谋此种种学术之进步即所以谋教育学术之改进。教育之事业亦非可独立存在者。彼与一国政制、风俗、职业以及天然环境均有息息相关之道。故谋政制、风俗、农、工、商、交通、水利等等之进步，亦即所以谋教育之改进。吾人不能专在教育上谋改进，即以为可以完全达到吾人之目的。吾人当改进教育之时，务须注意教育以外尚有许多别种事情须同时改进也。

本篇系陶行知给上海商务印书馆在 1930 年 7 月出版的《教育大辞书》撰写的辞条

6. 教学做合一下之教科书（节选）

不做无学；不做无教；不能引导人做之教育，是假教育；不能引导人做之学校，是假学校；不能引导人做之书本，是假书本。

什么是生活教育

生活教育是以生活为中心之教育。它不是要求教育与生活联络。一提到联络，便含有彼此相处的意思。倘使我们主张教育与生活联络，便不啻承认教育与生活是两个个体，好像一个是张三，一个是李四，平日不相识，现在要互递名片结为朋友。联络的本意原想使教育与生活发生更密切的关系，不知道一把它们看作两个个体，便使它们格外疏远了。生活与教育是一个东西，不是两个东西。在生活教育的观点看来，它们是一个现象的两个名称，好比一个人的小名与学名。先生用学名喊他，妈妈用小名喊他，毕竟他是他，不是她。生活即教育，是生活便是教育；不是生活便不是教育。分开来说，过什么生活便是受什么教育：过康健的生活便是受康健的教育；过科学的生活便是受科学的教育；过劳动的生活便是受劳动的教育；过艺术的生活便是受艺术的教育；过社会革命的生活便是受社会革命的教育。以此类推，我们可以说：好生活是好教育；坏生活是坏教育；高尚的生活是高尚的教育；下流的生活是下流的教育；合理的生活是合理的教育；不合理的生活是不合理的教育；有目的的生活是有目的的教育；无目的的生活是无目的的教育。反过来说，平日过的是少爷小姐的生活，便念尽了汗牛充栋的劳动书，也不算是劳动教育；平日过的是奴隶牛马的生活，便把《民权初步》念得透熟，熟得倒过来背，也算不了民权教育。没有生活做中心的教育是死教育。没有生活做中心的学校是死学校。没有生活做中心的书本是死书本。在死教育、死学校、死书本里鬼混的人是死人——先生是先死，学生是学死！先死与学死所造成的国是死国，所造成的世界是死世界。

什么是教学做合一

教学做合一是生活现象之说明，即是教育现象之说明。在生活里，对事说是做，对己之长进说是学，对人之影响说是教。教学做只是一种生活之三方面，而不是三个不相谋的过程。同时，教学做合一是生活法，也就是教育法。它的涵义是：教的方法根据学的方法；学的方法根据做的方法。事怎样做便怎样学，怎样学便怎样教。教与学都以做为中心。在做上教的是先生，在做上学的是学生。在这个定义下，先生与学生失去了通常的严格的区别，在做上相教相学倒成了人生普遍的现象。做既成了教学之中心，便有特殊说明之必要。我们怕人用"做"当招牌而安于盲行盲动，所以下了一个定义："做"是在劳力上劳心。因此，"做"含有下列三种特征：

（一）行动；

（二）思想；

（三）新价值之产生。

一面行，一面想，必然产生新价值。鲁滨孙在失望之岛上缺少一个放水的小缸。一天烧饭，他看见一块泥土被火烧得像石头样的硬。他想，一块碎土既有如此变化，那么用这土造成一个东西，或者也能如此变化。他要试试看。他动手用土造成三个小缸的样子，架起火来把它们烧得通红，渐渐地冷下去，便成了三只坚固而不漏水的小缸。这里有行动，有思想，有新价值之产生——泥土变成水缸。这是做。这是教学做合一之做。

做是发明，是创造，是实验，是建设，是生产，是破坏，是奋斗，是探寻出路。

是活人必定做。活一天，做一天；活到老，做到老。如果我们承认小孩子也是活人，便须让他们做。小孩子的做是小发明，小创造，小实验，小建设，小生产，小破坏，小奋斗，探寻小出路。小孩子的做是小做，不是假做。

"假做"不是生活教育所能允许的。

我也不是主张狭义的"做"，反抹煞一切文艺。迎春姊妹和宝玉在荇叶渚上了船，跟着贾母的船撑向花溆去玩。宝玉说："这些破荷叶可恨！怎么还不叫人来拔去？……"黛玉说："我最不喜欢李义山的诗，只喜欢他这一句：'留得残荷听雨声。'偏你们又不留着残荷了。"宝玉说："果然好句！以后咱们别叫拔去了。"这里也有行动，有思想，有新价值之产生——破荷叶变成天然的乐器！领悟得这一点，才不至于误会教学做合一之根本意义。

既是这样，那么我们可以说：不做无学；不做无教；不能引导人做之教育，是假教育；不能引导人做之学校，是假学校；不能引导人做之书本，是假书本。在假教育、假学校、假书本里自骗骗人的人，是假人——先生是假先生，学生是假学生。假先生和假学生所造成的国是假国，所造成的世界是假世界。

原载《中华教育界》第 19 卷第 4 期，1931 年 8 月

7. 创造的教育

手和脑在一块儿干，是创造教育的开始；手脑双全，是创造教育的目的。

诸位同学：

我今天的讲题是《创造的教育》。什么是创造的教育？先说明创造两个字的意义。我举两个例子来说吧，鲁滨孙漂流到荒岛上去，口渴了，白天他走到海边用手去捧水喝，到黑夜里就没有办法了。他偶而在灶的旁边，看见经火烧过的泥土，硬得如石子一样。他想到软的土经火烧了，就成坚固且硬的东西，于是他把土做成三个瓶子，放入火中去烧，烧碎了一个，其余的两个可以满满的盛着水。于是他口渴的问题完全解决了。我们把这件事分析起来，可以发现三点。他把手捧水喝，到黑夜发生了困难，是他的行动；发现泥土经过火烧变成坚固且硬的东西，也是他的行动；把泥土塑成了瓶，希望同烧过的土一样的坚固，是他的思想。结果，他瓶子盛水的计划成功了，是新价值的产生。由行动而发生思想，由思想产生新价值，这就是创造的过程。这个例子是"物质的创造"。再如《红楼梦》上刘姥姥游大观园，贾母请客，后来唤了二只船来，贾母同媳妇人等在前船先行，宝玉同姊妹们在后船后行。河内氽满着破残荷叶，宝玉的船划不快，追不上前船。宝玉心里非常忿怒，马上要铲光破荷叶。薛宝钗说："现在仆人们很忙碌，等他们空了，再叫他们铲除吧！"林黛玉说："我平生最不喜欢李义山的诗，只有一句还可以。"宝玉问她究竟是那一句呢？黛玉说，"留得残荷听雨声"一句。宝玉一想，觉得破荷叶很有用处，就不再要铲荷叶了。这个例子中，船行到荷叶中去，是行动；破荷叶妨碍行船，是行动；林黛玉提到李义山的诗句，是思想；宝玉心中厌恶的破荷叶，一变而为可爱的天然乐器，是产生了新的价值。这种新观念的成立是心理的创造。

　　我现在再讲行动，关于教育上的行动。中国现在的教育是关门来干的，只有思想，没有行动的。教员们教死书，死教书，教书死；学生们读死书，死读书，读书死。所以那种教育是死的教育，不是行动的教育。我们知道王阳明先生是提倡"知行合一"说的，他说"知是行之始，行是知之成"。他的意思是先要脑袋里装满了学问，方才可以行动，所以大家都认为学校是求知的地方，社会是行动的地方。好像学校与社会是漠不相关的，以致造成一班只知而不行的书呆子。所以阳明先生的二句话，很可以代表中国数千年的传统教育的思想。现在我要把他的话翻半个筋斗。如果翻一个筋斗，岂非仍是还原吗？所以叫他翻半个筋斗，就是说："行是知之始，知是行之成。"例如爱迪生发明电灯，不是从前的人告诉他的，是玩把戏而偶然发现的。小孩子不敢碰洋灯泡，是他弄火烫痛的经验。至于妈妈告诉他火是烫人的，不过使小孩子格外清楚一些。所以要有知识，是要从行动中去求来，不行动而求到的知识，是靠不住的。有人告诉你这是白的，那是黑的，你不行动，就不能知道那个是真那个是假。有行动的勇敢，才有真知识的收获。书本子的东西，不过告诉你别人得来的知识。有许多人著书，东抄西袭，这种抄袭成章的知识，不是自己知识的贡献。你能行动，行动才生困难，想法解决了困难，才是真知识的获得。

　　我现在介绍杜威先生思想的反省（Reflection of Thinking）中的五个步骤：（一）感觉困难；（二）审查困难所在；（三）设法去解决；（四）择一去尝试；（五）屡试屡验，得到结论。我的意思，要在"感觉困难"上边添一步"行动"。因为惟其行动，到行不通的时候，方才觉得困难，困难而求解决，于是有新价值的产生。所以我说行动是老子，思想是儿子，创造是孙子。你要有孙子，非先有老子、儿子不可，这是一贯下来的。但是我们知道，单独的行动，也是不能创造的。如中国农夫耕种的方法，几千年来，间有小小的改良外，其余的都是墨守成规，毫无创造。还有许多书呆子，书尽管读得多，也不能创造。所以要创造，非你在用脑的时候，同时用手去实验；用手的时候，同时用脑去想不可。手和脑在一块儿干，是创造教育的开始；手脑双全，是创造教育的目的。孟子说："劳心者治人，劳力者治于人。"这是孟子当时的教育思想。时至今日，这种传统的思想已经起了一个极大的地震，渐渐的在那里崩溃了。我最近读了世界许多有名科学家的传记，觉得有发明的人，都是以头脑指挥他的行动，以行动的经验来充实他的头脑。中国的所谓学者，他们擅长的是高谈阔论，作空文章。而做劳工的人，又不读书，不肯用脑，所以一辈子在这种传统习尚下过生活，大科学家、大发明家那里会产生？现在我们知道了，劳工教育啦，平民教育啦，都是时见时闻的。但是情势一变，"反动"、"嫌疑"等等名目都加上来，就陷于四面碰壁的绝境。有许多教育界很有声望的、无阻无碍的人，他们又不愿去干，以致这种教育至今还尚在萌芽时代。

行动的教育，要从小的时候就干起。要解放小孩的自由，让他做有意思的活动，开展他们的天才。至于我们一辈，从小是受传统教育的熏陶，到现在觉悟起来，成为一个半路出家的和尚。和尚是半路出家，他往往会想起他的家来。例如不吃鸦片的人，一见鸦片就生厌恶，但吃过鸦片的人，虽然戒了瘾，至少对它有相当的感情。我们小的时候，有天赋的行动本能，不过一切工作都被仆人们代做去了，被慈善的妈妈代做去了。稍长一些，我们到小学校去读书，有阎罗王般的教师坐在上面，不许我们动一动。中学和大学的课程是呆呆的订死在那里，你要动亦不得动。到现在始费尽九牛二虎之力，挣扎着改变久受束缚的人生，还不能回复自然的行动本能。但是我们不要灰心，时机也并不算晚，佛兰克林四十几岁才发明了避电针呢！不过行动的教育，应当从小就要干起，因为小孩子还没有斫丧他行动的本能，小小的孩子，就是将来小小的科学家。假使我们给小孩子自由行动，我相信千百孩子之中，一定有一个小孩是天才，是一个创造者、发明者。爱迪生小时候，是个很喜欢行动的小孩子。当时美国的教育，也同中国一样，小学教员是禁止小孩子活动的。爱迪生违反了教师的训条，就蒙到"坏蛋"的声名，不到三个月，爱迪生被"坏蛋"的空气逼走了。爱迪生的母亲不服气，她以为她的儿子并不是"坏蛋"，"蛋"并没有"坏"，她就教他先在地窖里研究化学，后来研究物理，结果成了一个闻名的科学家。所以爱迪生的成功，幸而有他的妈妈，否则老早就把他的天才牺牲了。牛顿生下来的时候，小到像小老鼠一只，体重只有三磅。看护妇去请医生的时候，很不高兴的说："这样小老鼠一般大的东西，等到医生来，早已一命归天了。"岂料小老鼠一般的东西，就是以后闻名的科学家，还活到八十多岁呢。据说牛顿小的时候，并不聪明。可见国外孩子的时代，很难看得出那一个是天才的儿童。

......

本篇系陶行知在上海大夏大学的演讲记录，载《教育建设》第 5 辑，1933 年 3 月

8. 创造宣言

教师的成功是创造出值得自己崇拜的人，先生之最大的快乐，是创造出值得自己崇拜的学生。

创造主未完成之工作，让我们接过来，继续创造。

宗教家创造出神来供自己崇拜。最高的造出上帝，其次造出英雄之神，再其次造出财神、土地公、土地婆来供自己崇拜。省事者把别人创造现成之神来崇拜。

恋爱无上主义者造出爱人来崇拜。笨人借恋爱之名把爱人造成丑恶无耻的荡妇来糟踏，糟踏爱人者不是奉行恋爱无上主义，而是奉行万恶无底主义的魔鬼。因为他把爱人造成魔鬼婆。

美术家如罗丹，是一面造石像，一面崇拜自己的创造。

教育者不是造神，不是造石像，不是造爱人。他们所要创造的是真善美的活人。真善美的活人是我们的神，是我们的石像，是我们的爱人。教师的成功是创造出值得自己崇拜的人，先生之最大的快乐，是创造出值得自己崇拜的学生。说得正确些，先生创造学生，学生也创造先生，学生先生合作而创造出值得彼此崇拜之活人。倘若创造出丑恶的活人，不但是所塑之像失败，亦是合作塑像者之失败。倘若活人之塑像是由于集体的创造，而不是个人的创造，那末这成功失败也是属于集体而不是仅仅属于个人。在一个集体当中，每一个活人之塑像，是这个人来一刀，那个人来一刀，有时是万刀齐发。倘使刀法不合于交响曲之节奏，那便处处是伤痕，而难以成为真善美之活塑像。在刀法之交响中，投入一丝一毫的杂声，都是中伤整个的和谐。

教育者也要创造值得自己崇拜之创造理论和创造技术。活人的塑像和大理石的塑像有一点不同，刀法如果用得不对，可以万像同毁，刀法如果用得对，则一笔下去，万龙点睛。

有人说：环境太平凡了，不能创造。平凡无过于一张白纸，八大山人挥毫画它几笔，便成为一幅名贵的杰作。平凡也无过于一块石头，到了菲狄亚斯、米开朗基罗的手里可以成为不朽的塑像。

有人说：生活太单调了，不能创造。单调无过于坐监牢，但是就在监牢中，产生了《易经》之卦辞，产生了《正气歌》，产生了苏联的国歌，产生了《尼赫鲁自传》。单调又无过于沙漠了，而雷赛布（Lesseps）竟能在沙漠中造成苏伊士运河，把地中海与红海贯通起来。单调又无过于开肉包铺子，而竟在这里面，产生了平凡而伟大的平老静。

可见平凡单调，只是懒惰者之遁辞。既已不平凡不单调了，又何须乎创造。我们是要在平凡上造出不平凡；在单调上造出不单调。

有人说：年纪太小，不能创造，见着幼年研究生之名而哈哈大笑。但是当你把莫扎特、爱迪生及冲破父亲数学层层封锁之帕斯卡尔（Pascal）的幼年研究生活翻给他看，他又只好哑口无言了。

有人说：我是太无能了，不能创造。但是鲁钝的曾参传了孔子的道统，不识字的慧能，传了黄梅的教义。慧能说："下下人有上上智"，我们岂可以自暴自弃呀！可见无能也是借口。蚕吃桑叶，尚能吐丝，难道我们天天吃白米饭，除造粪之外，便一无贡献吗？

有人说：山穷水尽，走投无路，陷入绝境，等死而已，不能创造。但是遭遇八十一难之玄奘，毕竟取得佛经；粮水断绝，众叛亲离之哥仑布，毕竟发现了美洲；冻饿病三重压迫下之莫扎特，毕竟写出了《安魂曲》。绝望是懦夫的幻想。歌德说：没有勇气一切都完。是的，生路是要勇气探出来，走出来，造出来的。这只是一半真理。当英雄无用武之地，他除了大无畏之斧，还得有智慧之剑，金刚之信念与意志，才能开出一条生路。古语说：穷则变，变则通。要有智慧才知道怎样变得通，要有大无畏之精神及金刚之信念与意志才变得过来。

所以处处是创造之地，天天是创造之时，人人是创造之人，让我们至少走两步退一步，向着创造之路迈进吧。

像屋檐水一样，一点一滴，滴穿阶沿石。点滴的创造固不如整体的创造，但不要轻视点滴的创造而不为，呆望着大创造从天而降。

东山的樵夫把东山的茅草割光了，上泰山割茅草，泰山给他的第一个印象是：茅草没有东山多。泰山上的"经石峪"、"无字碑"、"六贤祠"、"玉皇顶"，大自然雕刻的奇峰、怪石、瀑布、豢养的飞禽、走兽、小虫和几千年来农人为后代种植的大树，于他无用，都等于没有看见。至于那种登泰山而小天下之境界，也因急于割茅草而看不出来。他每次上山拉一堆屎，下山撒一泡尿，挑一担茅草回家。尿与屎是他对泰山的贡献，茅草是他从泰山上得到的收获。茅草是平凡之草，而泰山所可给他的又只有这平凡之草，而且没有东山多，所以他断定泰山是一座平凡之山，而且从割草的观点看，比东山还平凡，便说了一声："泰山没有东山好"。这话被泰山一棵树苗听见了，它想到自己老是站在寸土之中，终年被茅草包围着，徒然觉得平凡、单调、烦闷、动摇，幻想换换环境。一根树苗如此想，二根树苗如此想，三根树苗如此想，久而久之成趋向，便接二连三的，一天一天的，听到树苗对樵夫说："老人家，你愿意带我到东山去玩一玩么？"樵夫总是随手一拔，把它们一根一根的和茅草捆在一起，挑到东山给他的老太婆烧锅去了。我们只能在樵夫的茅草房的烟囱里偶尔看见冒出几缕黑烟，谁能分得出哪一缕是树苗的，哪一缕是茅草的化身？

割草的也可以一变而成为种树的老农，如果他肯迎接创造之神住在他的心里。我承认就是东山樵夫也有些微的创造作用——为泰山剃头理发，只是我们希望不要把它的鼻子或眉毛剃掉。

创造之神！你回来呀！你所栽培的幼苗是有了幻想，樵夫拿着雪亮亮的镰刀天天来，甚至常常来到幼苗的美梦里。你不能放弃你的责任。只要你肯回来，我们愿意把一切——我们的汗，我们的血，我们的心，我们的生命——都献给你。当你看见满山的幼苗在你监护之下，得到我们的汗、血、心、生命的灌溉，一根一根的都长成参天的大树，你不高兴吗？创造之神！你回来呀！只有你回来，才能保证参天大树之长成。

罗丹说："恶是枯干，血干了，热情干了，僵了，死了，死人才无意于创造。只要有一滴汗，一滴血，一滴热情，便是创造之神所爱住的行宫，就能开创造之花，结创造之果，繁殖创造之森林。"

三十二、十、十三

原载《育才学校手册》，时代印刷出版社 1944 年 1 月版

9. 创造的儿童教育（节选）

但如果要大量开发创造力，大量开发人矿中之创造力，只有民主才能办到，只有民主的目的，民主的方法才能完成这样的大事。

创造的儿童教育，不是说教育可以创造儿童。儿童的创造力是千千万万祖先至少经过五十万年与环境适应斗争，所获得而传下来之才能之精华，发挥或阻碍，加强或削弱，培养或摧残这创造力的是环境。教育是要在儿童自身的基础上，过滤并运用环境的影响，以培养、加强、发挥这创造力，使他长得更有力量，以贡献于民族与人类。教育不能创造什么，但他能启发解放儿童创造力以从事于创造之工作。

……

三、解放儿童的创造力　我们发现了儿童有创造力，认识了儿童有创造力，就须进一步把儿童的创造力解放出来。

（一）解放小孩子的头脑。儿童的创造力被固有的迷信、成见、曲解、幻想层层裹头布包缠了起来。我们要发展儿童的创造力，先要把儿童的头脑从迷信、成见、曲解、幻想中解放出来。迷信要不得，成见要不得，曲解要不得，幻想更要不得，幻想是反对现实的。这种种要不得的包头布，要把他一块一块撕下来，如同中国女子勇敢的撕下了裹脚布一样。

自从有了裹脚布，从前中国妇女是被人今天裹，明天裹，今年裹，明年裹，骨髓裹断，肉裹烂，裹成一双三寸金莲。

自从有了裹头布，中国的儿童、青年、成人也是被人今天裹，明天裹，今年裹，明年裹，似乎非把个个人都裹成一个三寸金头不可。如果中华民族不想以三寸金头出现于国际舞台，唱三花脸，就要把裹头布一齐解开，使中华民族的创造力可以突围而出。三民主义开宗明义就说：大凡人类对于一件事，研究其中的道理，首先发生思想，思想贯通，以后才生信仰，有了信仰，才生力量。思想贯通，便等于头脑解放。唯独从头脑里解放出来的创造力，才能打退日本鬼，建立新中国。

（二）解放小孩子的双手。人类自从腰骨竖起，前脚变成一双可以自由活动的手，进步便一天千里。超越一切动物。自从这个划时代的解放以后，人类乃能创造工具、武器、文字，并用以从事于更高之创造。假使人类把双手束缚起来，就不能执行头脑的命令。我们要在头脑指挥之下用手使用机器制造，使用武器打仗，使用仪器从事发明。中国对于小孩子一直是不许动手，动手要打手心，往往因此摧残了儿童的创造力。一个朋友的太太，因为小孩子把她的一个新买来的金表拆坏了，在大怒之下，把小孩子结结实实打了一顿。后来她到我家里来说："今天我做了一件极痛快的事，我的小孩子把金表拆坏了，我给了他一顿打。"我对她说，恐怕中国的爱迪生被你枪毙掉了。我和她仔细一谈，她方恍然大悟，她的小孩子这种行动原是有出息的可能，就向我们请教补救的办法。我说："你可以把孩子和金表一块送到钟表铺，请钟表师傅修理，他要多少钱，你就给多少钱，但附带的条件是要你的小孩子在旁边看他如何修理。这样修表铺成了课堂，修表匠成了先生，令郎成了速成学生，修理费成了学费，你的孩子好奇心就可得到满足，或者他还可以学会修理咧。"小孩子的双手是要这样解放出来。中国在这方面最为落后，直到现在才开始讨论解放双手。在爱迪生时代，美国学校的先生也是非常的顽固，因为爱迪生喜欢玩化学药品，不到三个月就把他开除！幸而他有一位贤明的母亲，了解他，把家里的地下室让给他做实验。爱迪生得到了母亲的了解，才一步步的把自己造成发明之王。那时美国小学的先生不免也阻碍学生的创造力的发展。我们希望保育员或先生跟爱迪生的母亲学，让小孩子有动手的机会。

（三）解放小孩子的嘴。小孩子有问题要准许他们问。从问题的解答里，可以增进他们的知识。孔子入太庙，每事问。我从前写过一首诗，是发挥这个道理："发明千千万，起点是一问。禽兽不如人，过在不会问。智者问得巧，愚者问得笨。人力胜天工，只在每事问。"但中国一般是习惯不许多说话，小孩子得到言论自由，特别是问的自由，才能充分发挥他的创造力。

（四）解放小孩子的空间。从前的学校完全是一只鸟笼，改良的学校是放大的鸟笼。要把小孩子从鸟笼中解放出来，放大的鸟笼比鸟笼大些，有一棵树，有假山，有猴子陪着玩，但仍然是个放大的模范鸟笼，不是鸟的家乡，不是鸟的世界。鸟的世界是森林，是海阔天空。现在鸟笼式的学校，培养小孩用的是干腌菜的教科书。我们小孩子的精神营养非常贫乏，这还不如填鸭，填鸭用的还是滋养料让鸭儿长得肥胖的。我们要解放小孩子的空间，让他们去接触大自然中的花草、树木、青山、绿水、日月、星辰以及大社会中之士、农、工、商、三教九流，自由的对宇宙发问，与万物为友，并且向中外古今三百六十行学习。创造需要广博的基础。解放了空间，才能搜集丰富的资料，扩大认识的眼界，以发挥其内在之创造力。

（五）解放儿童的时间。现在一般学校把儿童的时间排得太紧。一个茶杯要有空位方可盛水。现在中学校有月考、学期考、毕业考、会考、升学考，一连考几个学校，有的只好在鬼门关去看榜。连小学的儿童都要受着双重夹攻。日间由先生督课，晚上由家长督课，为的都是准备赶考，拼命赶考，还有多少时间去接受大自然和大社会的宝贵知识呢？赶考和赶路一样。赶路的人把路旁风景赶掉了，把一路应该做的有意义的事赶掉了。除非请医生，救人，路是不宜赶的。考试没有这样的重要，更不宜赶。赶考首先赶走了脸上的血色，赶走了健康，赶走了对父母之关怀，赶走了对民族人类的责任，甚至于连抗战之本身责任都赶走了。最要不得的，还是赶考把时间赶跑。我个人反对过分的考试制度的存在。一般学校把儿童全部时间占据，使儿童失去学习人生的机会，养成无意创造的倾向，到成人时，即有时间，也不知道怎样下手去发挥他的创造力了。创造的儿童教育，首先要为儿童争取时间之解放。

四、培养创造力　把小孩子的头脑、双手、嘴、空间、时间都解放出来，我们就要对小孩子的创造力予以适当之培养。

（一）需要充分的营养。小孩的体力与心理都需要适当的营养。有了适当的营养，才能发生高度的创造力，否则创造力就会被削弱，甚而至于夭折。

（二）需要建立下层的良好习惯，以解放上层的性能，俾能从事于高级的思虑追求。否则必定要困于日用破碎，而不能向上飞跃。

（三）需要因材施教。松树和牡丹花所需要的肥料不同，你用松树的肥料培养牡丹，牡丹会瘦死，反之，你用牡丹的肥料培养松树，松树受不了，会被烧死。培养儿童的创造力要同园丁一样，首先要认识他们，发现他们的特点，而予以适宜之肥料、水分、太阳光，并须除害虫，这样，他们才能欣欣向荣，否则不能免于枯萎。

最后，我要提醒大家注意创造力最能发挥的条件是民主。当然在不民主的环境下，创造力也有表现，那仅是限于少数，而且不能充分发挥其天才。但如果要大量开发创造力，大量开发人矿中之创造力，只有民主才能办到，只有民主的目的，民主的方法才能完成这样的大事。美国杜威先生（不是候选总统之杜威，而是哲学家、教育家之杜威）最近给我信说："现在世界是联系得这样密切，如果民主的目的与方法不能在全世界每一个角落里都普遍的树立起来，我怕它们在美国也难持久繁荣。"民主应用在教育上有三个最要点：

（一）教育机会均等，即是教育为公，文化为公。我们要求贫富的机会均等，男女的机会均等，老幼的机会均等，各民族各阶层的机会均等。

（二）宽容和了解。教育者要像爱迪生母亲那样宽容爱迪生，在爱迪生被开除回家的时候，把地下室让给他去做实验。我们要像利波老板宽容法拉第，法拉第在利波的铺子里作徒弟，订书订得最慢，但是利波了解他是一面订书一面读书，终于让法拉第在电学上造成辉煌的功绩。

（三）在民主生活中学民主。专制生活中可以培养奴才和奴隶，但不能培养人民做主人。民主生活并非乱杂得没有纪律。民主要有自觉的纪律，人民只可以在民主的自觉纪律中学习做主人翁。在民主动员号召之下，每一个人之创造力都得到机会出头，而且每一个人的创造力都能充分解放出来。只有民主才能解放最大多数人的创造力，而且使最大多数人之创造力发挥到最高峰。

原载《战时教育》第 9 卷第 1 期，1945 年 4 月 1 日

（本辑文章选自《陶行知教育论著选》，人民教育出版社，1991 年 11 月版）

陈鹤琴

活教育思想

陈鹤琴（1892—1982），浙江上虞人。我国近现代教育家，著名儿童教育家、儿童心理学家。

早年毕业于清华大学，1914年考取奖学金赴美国留学，先在霍普金斯大学学习，获文学学士学位，1917年入纽约哥伦比亚大学教育学院攻读教育学和心理学，师从克伯屈、约翰·杜威等教育名家，1919年获哥伦比亚大学硕士学位。五四运动期间回国，初任南京高等师范学校教授，后任东南大学教授兼教务主任。在此期间，他致力于研究儿童心理学、家庭教育学和幼儿教育学。1923年创办中国第一所实验幼稚园——鼓楼幼稚园，作为其理论研究的实验基地。1929年，中华儿童教育社成立，陈鹤琴被选为主席。长期从事师范教育与儿童教育工作，在儿童心理的研究与幼儿教育的研究方面取得了丰硕成果。陈鹤琴创立了中国化的幼儿教育和幼儿师范教育完整体系，他从事的幼教事业，从托儿所、婴儿院开始，到幼儿园和小学；在师资培养方面创办了中等幼师和高等幼师学校。为了配合幼儿教育与儿童教育的需要，陈鹤琴创办了儿童玩具、教具厂，根据儿童心理的发展程序，制作了多种形式的玩具与教具。陈鹤琴于1925年发表了中国最早的儿童心理学著作《儿童心理之研究》。

陈鹤琴提出"活教育"教育思想并积极开展实验。20世纪30年代末，陈鹤琴提出教师如何"教活书，活教书，教书活"，学生如何"读活书，活读书，读书活"。在总结自己以往教育实践和思想的基础上，明确提出"活教育"的主张，试图用"活教育"来改革中国的旧教育。1940年陈鹤琴到江西，筹建省立实验幼稚学校，并附设小学和幼稚园以及校办农场，开展"活教育"实验；1941年创办《活教育》杂志，标志着"活教育"理论的形成和"活教育"运动的开始。

陈鹤琴"活教育"思想包括"活教育"目的论、课程论、教学论和训育原则。

"活教育"的目的是："做人，做中国人，做现代中国人。"他有感于民族的生存危亡，有感于中国传统教育的弊端，曾经尖锐指出：生而为人，生而在中国，生而在现代中国，究竟有几人真正明白做"人"、做"中国人"、做"现代中国人"呢？他认为，作为一个人，必须热爱人类，热爱真理；作为一个中国人，必须热爱生养自己的土地，热爱自己的同胞，必须为国家的兴旺发达而努力；作为一个现代中国人，必须具有健全的身体、建设的能力、创造的能力、能合作会服务以及世界的眼光。

陈鹤琴"活教育"的课程论认为，传统教育把学校与社会、课堂与自然隔离开来，把学校变成了"知识的牢狱"，用一本教科书蒙住了儿童的双眼。因此，他明确宣布："我们要利用大自然、大社会做我们的活教材。"陈鹤琴把"活教育"的内容概括为五大方面，即所谓"五指活动"：儿童健康活动，健全儿童身心；儿童社会活动，培养爱国、乐群及民族精神；儿童科学活动，激发试验兴趣和创造能力；儿童艺术活动，发展审美感和欣赏力；儿童文学活动，培养儿童文学兴趣和文学创造能力。"活教育"的"五指活动"，从儿童的完整生活出发，强调课程的整体性、连贯性和渗透性，对于克服传统教育弊端，促进儿童健康发展具有积极意义。

陈鹤琴"活教育"教学论的基本原则是："做中教，做中学，做中求进步。"据此提出了"活教育"的 17 条教学原则。陈鹤琴认为"做"是儿童学习的基础，强调的是儿童在学习过程中的主体地位和在活动中直接经验的获取。他认为不让儿童去做他所能做的事，不让儿童去想所能想的事，就会阻碍儿童的身心发展，限制儿童最宝贵的主动研究精神。"活教育"主张的"做"，不是简单的游戏、劳动或学习，而是把动手与动脑结合起来的"做"，是在思想参与下的"做"。陈鹤琴还归纳出"活教育"教学的四个步骤，即实验观察、阅读思考、创作发表和批评研讨。这四个步骤是一个完整的过程，每经过这样一个过程，学生的知识和能力都会前进一步，教师的知识和能力也会前进一步。

陈鹤琴"活教育"理论认为，训育工作在整个教育工作中是最繁重的工作。为此，他拟定了从小到大、从人治到法治、从法治到心理、从对立到一体、从不自觉到自觉、从被动到自动、从自我到互助、从知到行、从形式到精神、从分家到合一、从隔阂到联络、从消极到积极和从"空口说教"到"以身作则"等 13 条"活教育"的训育原则。

1. 幼稚教育（节选）

读书是一件很有趣的事，教得得法，可以使儿童终身喜欢读书的，但是大多数的儿童不欢喜读书，这都因为教师强迫儿童的缘故，有了这样不好的习惯，可以说是人生最大的不幸。

第二章　幼稚教育之目标

若问，幼稚教育的目的怎样呢？据我看来，至少有四大目的：

一、做怎样的人

这条是关于道德和群育的。照伦理学上说来，做人的标准很严格，所分的细目也很琐碎。我们不愿意再蹈从前小学里修身科的故辙，不应该有繁文缛节的细说，只要有几个大目标就够了。

（一）合作的精神。这种精神从大的方面说来，是人类所以战胜万物的根本要素，确是人生最重要的道德。我们不能希望幼稚生完全达到，因为这时期儿童并没有大的合作能力。但是我们在极细微的地方，也可以训练的。例如，做团体游戏可以训练此种精神。又如玩积木，小号积木一人可以放在桌上玩，至于大号积木，必须大家合起来玩，这样也可以训练合作的精神，虽然有许多学者反对能力的转移，认为是不可能的，但是我们倘能处处注意培养这种习惯，将来就是习惯的应用了，似乎并不矛盾。

（二）同情心。同情心是人类的特性，所以闻其声不忍食其肉，见无告之民而生恻隐之心等，都是同情一事之功。但是以现在社会的恶德张扬，此心渐泯。幼稚生在社会上之日尚少，急宜训练此种美德，以奠定其坚固之基础。

（三）服务的精神。人哪个无自私？所以我们对于"私"不能厚非。但是人类一天进步一天，"私"字的范围也应该一天扩大一天，起初是个人，渐进而为同居一室，更进而为同乡、同邑，更进而为同业，更进而为全社会、全国到全人类。我们抛开哲学来谈事实，社会上倘若都是为个人的人，我敢说没有文明的进步。对于他自己也很难有进步的希望。服务的精神，从小应该训练的。例如，组织幼童子军，儿童就能格外替他人做事。此外，做人的道德当然还有很多，如谦让、诚实、有礼貌等，也应该培养的。

二、应该有怎样的身体

我们希望儿童有很强健的体格，首先应训练儿童养成各种达到强健体格的习惯。可以分三层来说：

（一）健康的体格。要培养儿童有健康的体格，是一件很不容易的事，成人几乎要时刻留心，例如运动、饮食、衣服等，都应该合乎卫生要求。幼稚园也应该负相当的责任去指导家庭，而幼稚园最应注意的是玩具与本园的各种设备。使它们既引起儿童好动的心理，又能时时刻刻注意卫生条件。

（二）卫生习惯。要培养儿童体格的健康，成人应该有良好的指导，其中养成儿童卫生习惯，尤为重要。幼稚生因能力关系，当然不能要求过高，下列数项是可实行的：好清洁的观念，洗脸、刷牙、吃东西以前洗手，每晨大便，随身带清洁的手巾等习惯，幼稚生都可做到的。

（三）技能。要身体健康，必须有相当运动的技能。中国旧式家庭养小孩，怕风怕雨，不让孩子出门去玩，弄得孩子像个半截木偶，何等可怜。在幼稚园里的儿童，对于人生必须的几种基本动作，都应该养成。例如，跑步，跳跃，爬高，掷物，骑脚踏车、雪车，打秋千，溜滑梯等，一方面培养儿童各种技能，另一方面又能培养勇敢精神，使他们稍踏危境而不惧。且荡秋千等动作，对于避免晕船还有几分帮助，那么又有其他的功用了。

三、应该怎样开发儿童的智力

智力和知识很有分别的。旧教育是注重于知识的注入，弄得儿童成了装物件的器皿，把知识一件一件的装进去。新教育就是要在知识以外加上智力的开发。从范围说起来，智力和知识是有交叉的两个圆，但是智力的圆比知识的圆要大得多了，同时也可以说，知识是以成人为主体的，智力是以儿童为主体的，智力上的能力是活的，积累许多知识是死的。我们培养幼稚生应该具备哪些智力上的能力呢？

（一）有研究的态度。儿童的好发问，几乎可以说是天性，而成人往往不愿意向他们说明，同他们去研究，有时还要用强烈的手段去禁止儿童发问，致使儿童好发问的态度，被消泯无迹，这是何等可叹的事情。幼稚生因为种种能力的限制，所以谈不上像大学问家那样地研究，但是日常事物的穷究，也着实够了。例如，日常的食品，油盐酱醋的成因，花草虫鱼鸟兽的考察，都是很容易办得到的，教师也应该教他们的。不过这里有一个最困难之点，就是教师要知识丰富，幼稚教师确是不容易做到。

（二）有充分的知识。蒙台梭利的方法，是以训练儿童的感觉为幼稚园的惟一课程，这是谬误的观念。我们对于幼稚生虽然要使他们感觉敏锐，同时也应该使他们有丰富的知识，使他们经验丰富。幼小儿童是富于想象的，但是想象的根据是经验，没有经验就不会有想象的。只要使幼稚生有机会接触自然界和社会，并好好指导他们，就可以使他们有丰富的知识。各种经验都是直接得来的，所以还要使他们有获得经验之工具和技能。例如，看图画、识字等，也应该培养这方面的技能。

（三）有表意的能力。前两项都是受纳的一方面，这是表现个人之所感。成人对于心有所感必从许多途径表现出来。能文者，作为诗歌；能绘画者，绘成图画，其他如工艺、音乐、雕刻、言语等无一不为表现个人感想之工具。幼稚生因生理上之限制，当然达不到这种地步，但是简单的语言，叙述简单的故事，画简单的图画，做简单的手工，还是可以做得到的。这类发表的能力，都是可以逐渐训练成功的。

四、怎样培养情绪

儿童发脾气，作娇，惧怕蛇、狗等，大概诸位都看到过，这就是儿童情绪的表现。在普通的家庭里，不是弄得儿童像霸王，就是弄得儿童终日哭泣，或者见到什么都生怕，不能离开母亲一步，对于儿童都是"爱之适以害之"的。幼稚园至少应该从以下三方面来培养儿童。

（一）欣赏。欣赏的东西很多，如自然界之美，山川之幽秀，建筑之雄伟，但这些对幼稚生似乎都还早些，而悦耳的音乐，儿童画，音调顺口的儿歌，可以玩赏的艺术品，幼稚生都能欣赏的。我们大家都感觉到我国国民之缺少欣赏能力，尤其是音乐，雅歌妙舞，几乎成为少数人的专利品，普通人很难领略，这是一个大缺点。我们应该极力设法改变的，首先应在幼稚园里大力提倡，这是不难办到的。只有诗歌一层比较难些，要想搜集合乎幼稚生的诗歌，是一件很不容易的事。

（二）快乐。我们的教育不能使儿童感到快乐，也是失败之一。所谓快乐，不是用糖包药丸的方法，使儿童暂时感到快乐，我们希望儿童养成欢天喜地的快乐精神。教师的人格感化，笑口常开，和蔼可亲，这固然要紧，此外在一切教导上，都应合乎儿童的需要，采取循循善诱的方法，并不是拿了物件，硬装进去的。硬装的方法，就会造成使儿童厌恶一切的后果。例如，读书是一件很有趣的事，教得得法，可以使儿童终身喜欢读书的，但是大多数的儿童不欢喜读书，这都因为教师强迫儿童的缘故，有了这样不好的习惯，可以说是人生最大的不幸。

（三）打消惧怕。儿童生来所怕的东西不多，惧怕大都是后天养成的。家庭教育之不良，周围邻居之恶劣影响，于是慢慢养成了种种惧怕的习惯，如怕黑暗，怕蚯蚓，怕狗，怕猫，怕昆虫等，都是对于人生有很多不便的影响。幼稚园教师应该常常带儿童去接触万事万物，如捉昆虫，与猫狗玩耍等，又如常带儿童登高、溜滑梯等，这些都是消灭惧怕情绪的好方法。我们常常看到初入幼稚园的儿童，见到什么都怕，过了一些时候，能渐渐地去接近惧怕的东西，教师倘能处处注意，必能把儿童已养成的惧怕情绪打消。这种经验，幼稚教师都有。总之，我们最好是不给儿童有些许惧怕情绪的机会，但是这步工作大部分要家长努力，若家庭教育不良，儿童已养成了许多不良习惯，那么只好由幼稚园来担负消泯惧怕情绪的工作了。

本文是陈鹤琴1926年在安徽省教育厅举办的暑期学校讲授幼稚教育课程的讲稿摘录

2. 我们的主张

要知道强国，必先强种，强种先强身，要强身先要注意幼年的儿童。

幼稚园这种教育机关，在中国本来是没有的。现在我们既然来创办这件事，就应当先自己问一问，用种什么目标，怎样的办法。倘是一些主张都没有，仍旧像中国初办教育时候，今日抄袭日本，明日抄袭美国，抄来抄去，到底弄不出什么好的教育来。我以为，无论对于任何事体，要想去办，总得先计划一下，规定哪几种步骤去做；否则只是盲目的效法，哪里会有好的结果呢！至于主张对不对，适用不适用，这个当然不能一时断定。我们现在办这个幼稚园，是先有了研究，再根据着儿童的心理、教育的原理和社会的现状，确定下面几种主张做法：

一、幼稚园是要适应国情的

现在中国所有的幼稚园，差不多都是美国式的。幼稚生听的故事是美国的故事，看的图画是美国的图画，唱的歌曲是美国的歌曲，玩的玩具，用的教材，也有许多是从美国来的。就连教法，也不能逃出美国化的范围。这并不是说美国化的东西是不应当用的，而是因为两下国情上的不同。有的是不应当完全模仿的，尽管在他们美国是很好的教材和教法，但是在我国采用起来到底有许多不妥当的地方。要晓得我们的小孩子不是美国的小孩子，我们的历史、我们的环境均与美国不同，我们的国情与美国的国情又不是一律；所以他们视为好的东西，在我们用起来未必都是优良的。比如那个三只熊的故事，因为熊在美国是一种很平常的动物，各处动物园里都有，小孩子玩的熊，图画上画的熊，都是非常的普遍，因此熊竟成为小孩子很熟悉的动物。所以他们的儿童听起熊的故事来，是很有兴趣的。若拿来讲给我们中国的小孩子听，就不免有些隔膜了。因为熊是我们小孩子从来没有看见过的，玩的熊也从来没有的，就是关于熊的故事，也从来未曾听过。以这样未见过、未听过、未玩过的动物做了故事对他讲，当然是不能引起他的兴趣，不能使他领会了。若是我们将这种好的故事稍为改变一下，将熊变为虎，那小孩子听起来就容易懂得多了。……

二、儿童教育是幼稚园与家庭共同的责任

幼稚教育是一件很复杂的事情，不是家庭一方面可以单独胜任的；也不是幼稚园一方面可以单独胜任的；必定要两方面共同合作方能得到充分的功效。现在试看中国的幼稚园，有几个是与家庭合作的？有的父母把小孩子送到幼稚园里去，并不是为小孩子要受教育，乃是为自己的方便。因为小孩子在家里吵得很，没有功夫去对付他，所以把他送到幼稚园里去，使他收收心，其他并没有什么目的；所以把教育小孩子一切的任务都置之不闻不问。有的父母则不然，他们对于儿童的教育非常注意；但是因为对于幼稚园的情形不十分明了，不晓得小孩子在幼稚园里究竟作些什么事情，所以在家里所教的与幼稚园里所学的，常不能相融合，甚至两方面发生冲突。像这样的父母本来是可以帮助幼稚园的，无奈幼稚园不去同他们合作，竟以为儿童的教育是幼稚园可以单独担任，不必同家庭去商议的。……

三、凡儿童能够学的而又应当学的，我们都应当教他

什么东西是幼稚园应当教的，什么东西是幼稚园不应当教的，这种问题是我们办幼稚园的人首先要注意的。对于这个问题有人主张幼稚园不过是小孩子玩玩的地方，只要有点可以玩的东西，使小孩子快乐快乐就是了，不必教什么东西。有的主张幼稚园应当用一种有系统的教材去教小孩子，什么读法、写字、理化常识，都在必修之列。我们现在要问究竟实际上小孩子应当学些什么东西，有什么标准，我觉得下面三个标准有讨论的价值。

第一个标准是，凡儿童能够学的东西就有可能作为幼稚园的教材。……

第二个标准是，凡教材须以儿童的经验为根据。……

第三个标准是，凡能使儿童适应社会的，就可取为教材。……

四、幼稚园的课程可以用自然、社会为中心的

小孩子能够学的与应当学的东西，本来是很多的，但是我们不能就这样漫无限制的毫无系统的去教他。总必定要有一种组织，在相当范围内，使其成为一个系统并使各科目中间互相连接起来发生关系。因为儿童的生活是整个的，所以教材也必定要整个的，互相连接的，不能四分五裂的。我们不能把幼稚园里的课程像大学的课程那样独立，什么音乐是音乐、故事是故事的，不互相发生影响的。我们应当把幼稚园的课程打成一片，成为有系统的组织。但是这种有系统的东西，应当以什么为中心呢？这当然要根据儿童的环境。儿童的环境不外乎两种：一种是自然的环境；一种是社会的环境。自然的环境就是各种动植物的现象。社会的环境就是个人、家庭、集社、市廛等类的交往。这两种环境都是与儿童天天要接触的，所以我们应当利用这两种环境作幼稚园课程的中心。

五、幼稚园的课程须预先拟定，但临时得以变更的（略）

六、我们主张幼稚园第一要注意的是儿童的健康

我们中国人素来是不注重卫生的，所以身体羸弱，精神萎靡；放外人称我为"病夫"。要知道强国，必先强种，强种先强身，要强身先要注意幼年的儿童。儿童的身体不强健，到了成年，也不会强健的。所以，幼稚园首先应当注意的，就是儿童的健康。不但为要强身、强种、强国，我们应注意儿童的身体；就是儿童目前的问题，也非得有强健的身体不可。因为他的智力，他的行为，都是跟着他的健康走的。身体不强，就不容易学，常见多病的小孩子，对于他的学业，发生许多的妨碍。就在病后也常常不愿意动作，不肯听话，又容易发脾气。身体强健的儿童则不然。他的举动活泼，脑筋敏捷，作事容易，乐于听从，比较有病的小孩子真是大相径庭呢！所以幼稚园为儿童的将来与现在，都应极力注意儿童的健康。……

七、我们主张幼稚园是要使儿童养成良好习惯的

人类的动作十分之八九是习惯，而这种习惯又大部分是在幼年养成的；所以幼年时代，应当特别注重习惯的养成。但是习惯不是一律的，有好有坏；习惯养得好，终身受其福，习惯养得不好，则终身受其累。……所以我们应当特别注意儿童所养成的种种习惯，以期建筑健全人格之巩固基础。

八、我们主张幼稚园应当特别注重音乐

音乐是儿童生来喜欢的。三四个月的小孩子，就能开始咿咿呀呀地唱了；

到了八九个月，他就能发出唱歌的声调了，快乐的时候，格外要唱得起劲；等到一岁的时候，就差不多一天到晚不歇地唱；再大一点，只要一听见别人唱歌的声音就要跟着唱起来，虽然所唱的，并不是一样，但是总像一种曲调的样子；到了三四岁的时候，小孩子好唱的能力格外发展得强大，而喜欢音乐的兴趣亦格外来得浓厚。所以幼稚园为满足儿童的欲望起见，就应当特别注重音乐，以发展他们的欣赏的能力，养成他们歌唱的技能。……

九、我们主张幼稚园应当有充分而适当的设备（略）

十、我们主张幼稚园应当采用游戏式的教学法去教导儿童

游戏也是儿童生来喜欢的。儿童的生活可以说就是游戏。儿童既然有这种强烈的本性，我们就可以利用这个动机去教导他。比方教他识数，我们不能够呆板地教他这个是一，那个是二；我们可以叫他做各种识数的游戏去识数，这就比用呆板的方法容易学得多。……名义上虽说是游戏，但所学的确是很好的学问，很好的东西。不但如此，还有许多别的游戏，如玩小宝宝请客等，都可以学到许多的东西。游戏的直接用处，虽只是寻求快乐，然而间接的用处则甚大，因为它可以发展儿童的身心，敏捷儿童的感觉，于儿童的生活有莫大之助益，所以幼稚园应当采用游戏式的教导法去教导儿童。

十一、我们主张幼稚生的户外生活要多

"幼稚园"这个名词的意思本是一个花园，让小孩子在里面自由活动，随意游玩，吸收新鲜的空气，享受天然的美景，不是像大学生拘在一间教室里面的；但是中国的幼稚园并不是一座花园，简直是几间房子，小孩子从早到晚差不多都是在那里生活。有的幼稚园只有一间房子，没有什么空地可以自由娱乐。这种幼稚园简直是一个监狱，把活泼的小孩子，关在里面，过一种机械式的生活；像这种幼稚园，真是还不如不办来得好。还有一种幼稚园，园内有许多的空地，或者邻近也有很好玩的地方，但是教师不知道儿童的需要，不晓得利用这些空旷的地方，只一味地把小孩子关在室内，不出去活动，不肯变更他们的教学方法，不晓得小孩子是顶喜欢野外生活的，什么飞鸟走兽野草闲花种种东西，都足以引起他们的注意。至于新鲜的空气，明亮的日光，都是小孩子强身的要素，到了这种野外的地方，做教师的就可以随地施教，看见什么，就可以教什么；小孩子看见了这些野外的景象就得到了一种深刻的印象。若是教师在这种适宜的地方，教小孩子唱歌、作游戏、画图画、讲故事等功课，这样小孩子学了许多天然的实物，又可以学到普通所教的功课，并且可以增加儿童的快乐，活泼儿童的精神，强健儿童的身体。……

十二、我们主张幼稚园多采用小团体的教学法（略）

十三、我们主张幼稚园的教师应当是儿童的朋友

幼稚园的教师不是私塾的先生，私塾的先生是很尊严的，儿童对于先生是很害怕的；因此儿童大半不愿意进馆去受这种拘束，由此师生之间就有许多的隔膜，以致先生教起来不容易教，学生学起来也不容易学。反过来说，若是教师如同学生的朋友一样，与学生非常的接近，同玩同学，那么，教师就容易明了各个学生的性情能力，教起来就容易引导，学起来也容易听从了。所以我们主张幼稚园的教师应当作儿童的朋友，同游同乐的去玩去教的。

十四、我们主张幼稚园的教师应当有充分的训练

小孩子是不容易教的，幼稚园的教师是不容易做的，因为幼稚园的教师要善于唱歌，善于弹琴，善于绘画，善于讲话及其他种种技能。并且要熟悉自然界的现象与社会的状况，要有很丰富的常识，要明了儿童的心理，想要满足以上这许多的标准，非要有充分的训练不可。……

十五、我们主张幼稚园应当有种种标准可以随时考查儿童的成绩（略）

总起来说，我们在上面所主张的十五条信条当然不是金科玉律尽善尽美的，但从现在中国幼稚教育的情形看来，这十五条信条也许是治病的良方呢！

原载《幼稚教育》，1927年第1卷第1期

3. 创造的艺术

艺术本是一种很有生气的科目，现在把它教得干燥乏味，一点没有什么意思。

图画在学校里是怎样教的

图画是小孩子生来就很喜欢的，而普通的小孩子在家里是得不到相当的教育机会以发展他的艺术思想和技能的。现在我们要问，学校里的艺术教育是怎样实施的呢？中国现在普通的学校，对于艺术一科并不注意；教师也不晓得怎样去教。艺术本是一种很有生气的科目，现在把它教得干燥乏味，一点没有什么意思。有的教帅在黑板上画一个图，教小孩子依样画葫芦地画了一张，有的教师拿一张名画教小孩子临摹。好一点的教师，拿一些实物，如茶杯、砚台、笔架、花瓶等等教小孩子写生。小孩子在上课以前，一点不晓得要画什么：一进了教室，承了先生的意志，随便地涂了一张。这种机械的教法，模仿的画法，无非是埋没他的想象，抹杀他的思想，摧残他的个性。在这种情况下，所谓"创造"，所谓"自由"，一点也没有了，"艺术"是这样教的吗？

……

总　　结

从前的艺术教育太注重技能，现在的艺术教育是注重儿童的个性、儿童的天真、儿童的创作。但是艺术的技能，究竟要不要教儿童，这是一个很重大的问题。儿童若是没有相当的技能，断画不出很好的作品。艺术是一定要教的，倘使不教而让儿童自己去瞎摸，那是太不经济了。我们人类所有的经验，是应当利用的。不然让儿童自己去瞎摸，就是摸了一辈子顶多不过像初民时代的作品罢了。

但是技能应当什么时候开始教的，应当怎样教的，这是我们研究教育的应当解答的。大概在九岁十岁以前，要注重想象一方面，就是注重儿童天真的作品，就是尊重儿童的个性；那时候儿童自己所要发表的，也不过是发挥他自己的意思，至于画得像不像，他是不管的。但是到了九岁十岁以后，他自己觉得许多意思而不能用艺术工具发表出来；在那时候，我们就可以乘机慢慢地教导他，可是不能过分的注重艺术技能，而忽略思想；也不要只顾收效，而不顾儿童能不能够领会你的教法。所以我们要教他艺术的时候，要顾到他们的能力，所谓"循循善诱"、"因材施教"是了。

然而九岁以前，可否一点不要教授关于艺术的知识，艺术的技能呢？那也不然。在儿童觉得有意思而不能发表的时候，你尽可以暗示他，帮助他。倘使他没有觉得需要，我们当然不必帮助他，但是他画得不像而不能代表他的意思，做教师的似有指点他的必要。西石克对于这一点在上面已经说过，他是不赞成的，说我们成人没有这个权利去干涉他。他说："小孩子画得头很大，手臂很长，我并不加以校正。"又说："我们应当尊重儿童的自由，他要把头画得大些，就大些；手臂画得长些，就长些。"这种主张是很对的，不过像这种图画是否是他的真意？倘使是的，那我们应当十二分尊重他的自由；否则，他的意思是要把头画小些，手臂画短些，而他的技能不及，结果则适得其反。在那当儿，我们去教他正是解除他的痛苦，发挥他的意思。这种教法，不是干涉，实是指示；这种教法，他不会拒绝，一定欢迎的。

总而言之，从前的艺术教育，简直谈不到艺术；没有组织，没有系统，没有主张，无非是"依样葫芦"。这种教育，现在我们中国滔滔皆是；在外国大概是已经变为一种过去的陈迹了。

在二十世纪初，美国的两位艺术家道和沙尔金把艺术教育组织起来，使它在学校课程中占着相当地位。他们的贡献实在很大；可惜他们只顾到艺术的传授，而忽略个性的表现，致使一般艺术家起而反响。创造艺术的声浪遂澎湃欧美。他们的口号是发展个性，尊敬自由，注重创作。他们的方法是供给充分的教材，布置丰富的环境，联络各种科目与艺术打成一片。他们主要的意思，是以儿童为中心，智慧与技能都要受儿童支配，不应该让知识、技能来支配儿童。我们中国应当采取这种创造的新精神来改进陈腐、呆板的"艺术教育"。

原载《儿童教育》，1930 年第 2 卷第 6 期

4．谈谈学校里的惩罚

学生犯了过失，并不是不服从教师，乃是不服从共同的规则。

"学校里必须用惩罚吗？如其要用，应该怎样用法？"关于训育的理论，黄翼先生最近在《中华教育界》发表过一篇很好的文章，颇可供我们参考。这个问题是做教师的切身问题。我以为惩罚这一件事，在学校里面最好是不要用。从理想上说起来，学校如果办得完美，自然就用不到惩罚；但是学校不容易办得完美，惩罚一事，也就不能废除了。

现在学校里所施行的惩罚，既然是一种不得已而暂时使用的手段，那么使用的范围和使用的方法，就应当大大的限制，好好的审择。现在个人觉得惩罚在原则上须：

一、教儿童明了规则的意义

儿童本是天真烂漫的。他之所以犯过，不是迫于不得已，就是苦于不知道遵守规则的意义。所以第一条原则，就是要教儿童明了规则。新生入校之初，教师就应该把学校规则作详细的解释，使他们晓得什么应当做，什么不应当做。学生对于规则的意义既然明白，那自然就不会去犯了。

二、使儿童了解规则是公共应守的纪律

规则是群众相处的约法。教师不过是遵守规则的领导者：守规则就是服从公众，教师不过是规则执行者而已。所以学生犯了过失，并不是不服从教师，乃是不服从共同的规则。教师学生对于这点有这样的了解，那许多误会许多弊病就可以免除了。

三、惩罚不得妨害儿童身体

惩罚是迫不得已而使用的一种消极方法，使用的目的不过是刺激儿童教他们改过迁善，原意是为爱护儿童起见。如果妨害儿童的身体，岂不是就和本旨相悖了么？所以有妨儿童身心的惩罚方法，切不可使用。

四、惩罚不得侮辱儿童人格

儿童是没有一个不好的。不过他偶尔犯了过失，要被惩罚，目的是教他下次不要再犯。惩罚儿童，是惩罚他的过失，并不是惩罚他的人格。所以一方面惩诫儿童，一方面对于儿童的人格，还是要绝对的尊重才是。

五、惩罚不得妨害儿童学习

学校中常有"立壁角"、"面墙壁"、"站在门外"、"关夜学"这些罚则，还有罚学生抄书几遍，读书几次，甚至有罚学生停止户外运动的。这些办法都是妨害儿童的学习，违及惩戒的本旨，以不用为是。

六、在可能范围内须尽力顾全名誉

除不得已时切勿在大众前施行惩戒，以保全儿童的体面。

七、须鼓励儿童勇于改过引起他们的自爱

施行惩罚有几个先决问题。儿童犯过的动机，有时候完全出于好奇，有时候出于环境的压迫，有时候源于身体的缺陷。……所以在施行惩罚之前，应当辨明：（一）犯过时之情形；（二）学生个性及实质；（三）学生之家庭。

至于惩罚，亦有几种方法几种步骤：因为过有轻重，性情亦各不相同，施行惩罚当然要有分别。据个人意见，除体罚是绝对不得施用外，下列各点是一种施行的步骤：

一、友谊式的劝导

用积极方法暗示儿童从善改过。譬如儿童上课，忘记带他的练习簿或者其它必需的用品，教师就应该对他很和善的说："你今朝没有带来，想是忘记了，我想你下一次一定记得带来，决不会再忘记。"这种和蔼的态度和积极的暗示，儿童听了最容易受感动。

二、命令式的警告

个别谈话晓以利害。如果第一步没有效验，就在房间里或者预备教室里作个别的私人谈话。说明上课时间为什么一定要带好练习簿和其它必需的用品。如果不带，就有种种不便，对于课业就发生了影响，慎重地警告他，叫他下次切不可再忘记。

三、揭示姓名

名誉惩戒。这一层办法比较严重。但是在没有查明儿童确系故犯之前，这一层办法还是不用。

四、分座

剥夺与其他儿童共同工作的权利。用到这种惩罚方法，是最严重的了。儿童的心理，对于不能和同伴在一起活动是最难过的。这种刺激方法，最有效验。而且对于儿童学业，毫无妨害，可以应用，直至儿童觉悟，自行改过从善为止。

原载《儿童教育》，1934 年第 6 卷第 1 期

5. 活教育的目的论

活教育的目的即在于"做人、做中国人、做世界人",即在于培养具有这些条件的"人"、"中国人"、"世界人"。

活教育的目的是什么?是"做人,做中国人,做世界人"。

为什么要讲做人呢?因为人自生至死,在他的面前一直摆着一个做人的问题。中外古今的教育家,都是非常注重做人的,孔子所谓修身,治国的道理,都是着重于"做人",可是到了近世,教育本身变了质,以为去读书就是"受教育",反而把做人忘记了,所以今天我特别提出"做人"以唤起人们的注意。(不过我这种所谓的做人,自然与古代教育家们所说的做人,有根本的不同,待后面再来讨论)大家都知道,人之所以异于其他的动物,就因为人是一种社会的动物。自有人类历史以来,人都是过着社会生活的,人不能离开社会而独立。既然如此,人就必定在人与人之间相互发生关系,怎么使这个关系正确而完好的建立起来,以通过这个关系参与共同生活,通力合作以谋控制自然,改进社会,使个人及全人类得到幸福,便是一个做人的问题,所以活教育要讲做人。应当努力来学习如何做人,如何求得社会的进步,人类的发展。

不过做人的"人",是广义的,一般的人,人生存在世界上,由于自然的及人为的环境之不同,在人类中就有以世界为范围的世界人与以国家为范围的国家人,世界人与国家人除了应具备做人的一般修养以外,还有其特殊几个要点必须顾到的,今天我们生在中国,是一个中国人,做一个中国人与做一个别的国家的人不同。因为中国的社会性质与别的国家的社会性质不同,譬如在美国,她是一个资本主义国家;在苏联,她是一个社会主义的国家,她们的人民就因其不同的社会而各有其生活的内容，各有其生活的意向。在中国，因为中国社会发展自有特质，因而中国人的生活内容及其意向便必然受此一特质所规定，拿目前的情形来说吧！中国还处于半封建半殖民地的境遇，人民生活的艰苦，有如水深火热，但亦正因为如此，每一个人都负荷了一个历史任务，那便是对外反对帝国主义的干涉，争取民族独立；对内肃清封建残余，建树科学民主，这便是中国人当前的生活内容与意向，而活教育就在要求做这样的中国人，现代中国人。要做一个现代中国人，必须具备以下几个条件。

第一个条件是要有健全的身体。身体的好坏，对于一个人一生的生活事业及其抱负都有极大的影响，一般的说来，一个健康的人，他有理想，他乐观、积极，有毅力，他能担当起大事，而一个不健康的人，往往消沉，遇事灰心，即或他有理想，想负荷重任，而他的身体精神吃不消，所以健康是非常重要的。外国人素来把身体的健康看得很重，像美国人，他们把健康列为学校七大训练目标的第一项，这是何等的看重身体的健全！我们中国人则向来被人讥为病夫，一到 50 岁就倚老卖老，自居朽木，准备息影家园，以娱晚年了，这是什么原因？无非是我们中国人体质太差而已。身体不健康，对于个人而言，是一种不幸，对于国家社会而言，也是一种损失。而今日，一个中国人和世界人，他的责任实在大极了，我们应该锻炼我们的身体，使它健康，惟其有健康的身体，才能担负起现代中国与世界给予我们的任务。

第二个条件是要有创造的能力。中国人的创造能力本来是很强的，不论是文化抑或制度，在古代都曾有很好的建树；只因近数百年来因循苟且，故步自封，以及科举一兴，思想格外受到束缚。一般文人学士，八股文章做得刮刮叫，而对于科学文化，则不事研究求进；一般劳苦大众，因为几千年来的封建统治，愚昧无知，自也缺乏创造能力，乃至今日文化落后，科学不举。所以现在我们要提倡培养创造能力，并且从儿童时期培养起。儿童本来就有一种创造欲，我们只要善为诱导启发，可以事半而功倍。例如苏联的儿童竟能组织北极探险队，苏联的科学馆中陈列着许多的儿童作品，什么飞机模型呀，汽车呀，精巧绝伦，就是成人做起也不见得能胜过他们呢！我有一个做工程师的朋友曾告诉我一件事实，我觉得十分有意思。他说，英国有一个汤纳公司（Turnered Co.）是专门做玩具的，起初他们做的玩具都是装置完好的，让小孩子买去玩好了，后来有一次那公司负责人汤纳先生看见一个小朋友把玩具的飞机、坦克等东西零零碎碎的拆下来，又左凑右拼的配上去，仍旧装配成一件完好的玩具，他看了觉得很有意思，就索性把各种玩具的零件卖给小朋友，让他们自己去装配。到后来更进一步，他特意制造了许多小机器，让小朋友四个一组、五个一组的去自己动手制造各种玩具，小朋友竟比玩玩具更高兴得多，连饭都忘记吃了。中国的小朋友同样有创造欲，有创造的能力，最近我自己主持的市立女师附小中曾作过一次试验，就是当他们作社会活动时，教师指导他们分组研究，共同讨论。其研究与讨论的内容是对日和约问题，在他们分组研究时，完全由他们自动，他们竟能自己搜集有关材料，选择材料，并制作图表，在共同讨论时，他们把自己的研究所得，发表意见，在他们发表意见的时候，我们大大的惊讶，因为他们竟像是小演说家、小政治家、小经济学者，抓得住问题的重心，找得出问题正确的答案。从这个例子中，可以证明儿童是喜欢创造，并有创造能力的，只要我们能加以适当的训练，就不难养成他们这一种创造的能力。怎样训练呢？我以为第一要有劳动的身手，活教育是主张"做"的，做就是要劳动，一切创造，并不是从空中造楼阁，而是需要劳动，需要做，要从做中学，做中求创造，然而做，并不是盲目的做，因此，第二要有科学的头脑，把我们的头脑武装起来，认识大自然运动的法则，认识大社会发展的路向，用科学的方法去做，去劳动。这样，手脑并用，才能创造。

第三个条件是要有服务的精神。我们要爱国家，爱人类，爱真理，便要为国家服务，为全世界的人类服务，为真理服务，如果我们只有知识技能而不服务，只知自私自利，就失去了教育的目的，动物只知自私自利，而不知帮助别的动物，只有在生了小畜的时候，发生一种母爱，可是这也只限于极短的时期，过了这个时期，小畜长大了，就又要互相争夺，互相噬吃了，狗是如此，猫是如此，动物莫不如此。人要是也如此，那么就一定变做一个只知有我不知有他的市侩，与禽兽也就相去不远了，如果人人如此，那么国家民族堪忧，世界的前途也堪忧了，所以我们必需培养儿童一种服务的精神。我们要指导儿童去帮助别人，去了解大我的意义，肯服务，这才配做一个现代中国人，现代世界人。

第四个条件是要有合作的态度。外国人说我们中国人是一盘散沙，其意即以为中国人不会团结，其实这种看法是错误的，抗战时期不是证明我们的团结力量很伟大吗？不过我们总觉得这种团结力还不够巩固，也不够持久，为什么缘故呢？因为我们的合作精神还不够彻底，所谓"一个和尚挑水吃，两个和尚抬水吃，三个和尚没水吃！"这就是对我们中国人做人态度的一种强烈讽刺，只要人一多，就不知怎样来合作分工，互相容让，互相商量。固然中国社会落后的方面还很多，而缺乏合作精神，确是一个严重的缺陷，所以，谈做人，做现代中国人，首先应培养这种合作的态度。

第五个条件是要有世界的眼光。既然我们要做一个世界人，便必须有世界的眼光。所谓世界的眼光，就是对世界的看法，我们要有对世界的正确的看法，必须要了解世界的事事物物，大自然是怎样在运动着，大社会是怎样在发展着。大自然大社会是与人生息息相关的。我们不能不去认识它，了解它，唯其认识世界，才能使眼光远大，不斤斤于个人的利害得失。怎样去认识世界呢？我以为要在日常生活中去观察去体验，我们必须与大自然大社会去接触，追究大自然大社会的运动和发展。以前有人说"秀才不出门，能知天下事"，这实在是无稽之谈，坐井观天！活教育主张"大自然大社会都是活教材"，以宇宙为学校，这样，才能有世界的眼光，才能做一个世界人。

以上五个条件是做人的先决条件。活教育必定要培养儿童具备这五个先决条件。

活教育不但要求做中国人，而且要求做世界人，为什么要做世界人呢？因为这个时代不再像以前了。以前，尤其在清以前的封建时代，一般人总以为四海之内，莫非王土，把别的国家不放在眼里。自鸦片战争后，中国社会发生激变，然而仍然缺乏一种对世界的正确看法，不是惧外媚外，便是排外。我们知道，中国是世界的一环，不能脱离世界关系而孤立自存的，譬如在第二次世界大战中，当时日本侵略中国，并不只是危害中国的生存；意大利侵略阿比西尼亚，并不仅是危害阿比西尼亚，而是危害世界和平，所以全世界人民要团结起来，击败共同的敌人。在今日，要缔造世界的永久和平，自然亦非仅中国人的努力所能为功，必然也是世界每一个人的责任，因此生在今日世界的一个中国人，他除了要过国家的生活以外，同时还要过世界的生活。他不特要了解中国社会发展的特质，他还要了解世界的潮流。他不特要为中国的民主独立而努力，他还要为世界和平而奋斗。所以活教育要求进一步做世界人，现代世界人。

"爱国家，爱人类，爱真理"。

……我所要讲的爱国家，是要爱我们国家五千年的光荣历史，爱我们国家的前途，爱我们国家的人民，从而担负起我们的历史任务，使我们的国家进步繁荣，日新月异，这种爱国家是与爱国家的人民结合在一起的，是与真理紧握着手的。

我们要做世界人，便要爱全世界的人类．但是爱人类也是要以真理为依归的，不是耶稣的博爱，是凡人都爱，连我们的敌人也算在里面。我所讲的爱人类，是爱那些站在真理一面的人类。……

真理是我们爱国家爱人类的依据，不依据真理，谈不到爱，然而真理究竟是怎么一回事呢？真理不是上帝所创造的，也不是哪一个个人主观地制造出来的，而是从千百万年千百万人的生活活动中产生出来的，是客观的，是我们的知识与客观的世界——大自然，大社会的事事物物符合一致，是千千万万人所承认所向往的。抗日战争及全世界反法西斯战争，是我们为爱国而战，是全世界人类觉醒为爱人类而战，也是为爱真理而战。因为中国人要生存，全世界的人要生存，人类的历史不能退后，必须发展向前，那是真理，大家也一定知道，在16世纪，有一位科学家，名叫哥白尼，他吸取并融会了过去一般科学家们的辉煌成就，加上他自己的天才，提出行星及地球以太阳为中心而环绕的假说，反对他以前的宗教的经院哲学家们所说的太阳及行星环绕地球的地球中心说。因此，不但他的学说遭到教会的排斥，而且个人还遭受到教会的种种的严厉的迫害。然而这一假说，后来在科学上得到了证明并为近代科学所采纳，已经成为完整的科学宇宙体系。为什么能这样呢？因为那是真理，真理是不会泯灭的，真理是我们做人、做中国人、做世界人的最高准则，我们必须认识真理，追求真理，用全心全力来爱真理。

要爱真理，要认识真理，我们必须要养成求真的态度，事事图表面好看，骨子里面却是乱七八糟，甚至有人公然主张"一知半解"，"得糊涂，且糊涂"，这种态度是最不好的。16世纪意大利有一位科学家，名叫伽利略，自小心中充满着一种奇异的思想和好问的精神，凡事要追问到底，观察究竟，因此发明了摆锤的等时性的定律，又发明了一种天秤，并著述"固体之重心"一篇科学论文。此外，他还做了一件更惊人的事，就是他否认亚里士多德的一个理论。亚里士多德说物体降落的速度，是依物体本身的轻重而有迟速的，当时一般学者名流都毫无问题的接受了这个定律，只有伽利略表示怀疑，于是他私自实验，知道亚里士多德的定律的确错误了，然而当时的人却把他看作魔鬼的门徒，甚至把他捉起来，关在牢里，教会想逼他悔过，不再宣扬他们所认为的邪说，但伽利略说："悔改，要我悔改什么；难道我要将真理隐藏起来而说谎话吗？"伽利略的这种求真的态度，脚踏实地，实事求是，真理所在，哪怕要牺牲性命都在所不惜。求真态度，实是维护真理的武力。

总上所述，活教育的目的，就是在于做人、做中国人、做世界人。做人、做中国人、做世界人，还有许多具体的条件必须要做到，今天中国人应具有这样五个条件：第一是健全的身体；第二是要有创造的能力；第三是服务的精神；第四是要有合作的态度；第五是要有世界的眼光。至于做世界人呢？主要的条件便是"爱国家、爱人类、爱真理"。活教育的目的即在于"做人、做中国人、做世界人"，即在于培养具有这些条件的"人"、"中国人"、"世界人"。

原载《活教育》，1948年第5卷第2期

6. 活教育的教学原则（节选）

凡是儿童自己能够做的，应当让他自己做。

原则一　凡是儿童自己能够做的，应当让他自己做

没有一个儿童不好动的，也没有一个儿童不喜欢自己做的。

"做"这个原则，是教学的基本原则，一切的学习，不论是肌肉的，不论是感觉的，不论是神经的，都要靠"做"的。不看花卉，不能欣赏花卉的美丽；不听音乐，不能欣赏音乐的感染力；不尝甜酸苦辣，哪会知道甜酸苦辣的味儿呢？不是胼手胝足，哪会知道"粒粒皆辛苦"呢！……

所以凡是学生能够自己做的，你应该让他自己做。

原则二　凡是儿童自己能够想的，应当让他自己想

……

最危险的，就是儿童没有思想的机会。我们人一天到晚所做的事情，所有的活动，十之八九都是习惯。早上起来，穿衣服是习惯，吃饭是习惯，走路是习惯，写字是习惯，运动是习惯，睡眠是习惯，一切的一切，都受习惯的支配，思想的时间却是很少。

举凡在学校里面各种的活动，各种的教学，你都不应该直接去告诉他种种的结果，应当让儿童自己去试验，去思想，去求结果。

原则三　你要儿童怎样做，就应当教儿童怎样学

在陆地上学游泳，是没有多大用处的。儿童尽管在陆地上日夜练习游泳，一到水里，还是要溺死的。你要儿童游水，你一定要在水里教他学；而且要他自己也实地到水里去，否则，光是你游泳给他看是没有用处的。……

你要儿童说话说得很得体，做人做得很好，你要他处世接物，都很得当；

你一定要使他在适当的环境之内，得到相当的学习。

原则四　鼓励儿童去发现他自己的世界

……

把一本教科书摊开来．遮住了儿童的两只眼睛，儿童所看见的世界，不过是一本六寸高八寸阔的书本世界而已。一天到晚要儿童在这个渺小的书本世界里面去求知识，去求学问，去学做人，岂不是等于梦想吗？

儿童的世界多么大，有伟大的自然，急待他去发现；有广博的大社会，急待他去探讨。什么四季鲜艳夺目的花草树木，什么光怪陆离的虫鱼禽兽，什么变化莫测的风霜雨雪，什么奇妙伟大的日月星辰，都是儿童知识的宝库。

儿童的世界，是儿童自己去探讨，去发现的。他自己所求来的知识，才是真知识，他自己所发现的世界，才是他的真世界。

原则五　积极的鼓励胜于消极的制裁

……

活教育不是消极的，是积极的。你不要禁止小孩子不做这样，不做那样，你要教小孩子做这样，做那样。你不要禁止乱抛纸屑，你要鼓励小孩子把地上的纸屑拾起来，丢在字纸篓里。你不要禁止小孩子在墙上乱涂，你要鼓励小孩子把肮脏的墙壁怎样刷白。你不要禁止小孩子高声说话，你要鼓励小孩子在公共场所怎样轻轻的讲话。……

原则六　大自然大社会是我们的活教材

……

大自然固然是我们知识的宝库，是我们的活教材，活教师，我们应当向它领教，向它探讨，大社会何尝不是我们生活的宝库，何尝不是我们的活教材，我们的活教师呢？

我们何必一定要把一部活地理四分五裂，呆呆板板的教小孩子死记死读；我们何必一定要把一部中华民族进化史支离破碎，一朝一朝呆呆板板的教小孩子死记死读呢？我们为什么不去研究抗战来做研究史地的中心或出发点呢？我们为什么不研究第二次世界大战来了解各国的史地及其民族的文化呢？大自然大社会都是我们的活教材，我们为什么不从"现代"的活教材研究到"过去"的史事、"过去"的地理呢！

原则七　比较教学法（略）

原则八　用比赛的方法来增进学习的效率（略）

原则九　积极的暗示胜于消极的命令（略）

原则十　替代教学法

......

总而言之，小孩子生来无所谓好，无所谓坏的，他时时喜欢游戏，我们应当想什么方法来满足他的欲望。同时要使得他顾到别人家的幸福，要使得他参加共同的生活，要使得他爱护公家的事物。小孩子好奇的，侥幸的心理也是有的。机遇的引诱，可以引起他的好奇，我们可以用各种游戏来满足他的侥幸心理；小孩子是好动的，他喜欢做这样，做那样，你没有东西给他做，他就要破坏，就要捣乱，所以我们要他做，要他建设，要他创造；小孩子喜欢合群的，我们应当让他们有一种正式的组织来发展他们的能力，来养成他们的群性。我们要处处顾到儿童的心理，我们要用各种替代的方法来满足他的欲望，来发展他的个性，来培养他的人格。

原则十一　注意环境，利用环境（略）

原则十二　分组学习，共同研究（略）

原则十三　教学游戏化

游戏是人生不可缺少的活动，不管年龄性别，人们总是喜欢游戏的。健康的小孩子是好动的，快乐的。假如在读书的时代，我们也能化读书的活动为游戏，那么，读书不是会变得更有趣、更快乐、更能有进步了吗？但是，我们中国人往往轻视游戏，把游戏当作顽皮的活动，小时爱游戏，大家还没有什么话说；一个十六七岁的小孩，也要游戏的话，那么，人家就会骂他"没出息"。因为在他们的心目中，总认为读书的时代就不应游戏。这种把读书与游戏孤立分离的看法，完全是错误的。假如说读书只有读书，读书就不应游戏，那么，读书的生活，势必枯燥无味，哪里还谈得到进步！......

教学游戏化是以"做"为中心的，也就是"做中教，做中学，做中求进步"的教学运用。其充实与发展，还有待于大家的研究与努力。

原则十四　教学故事化（略）

原则十五　教师教教师

所谓教师教教师，就是举行教学演示或者组织巡回教学辅导团一类的组织。

教学演示同巡回教学辅导是近代教育方法上一种新的趋向，不仅能够在一个学校一个城市里举行，同样的也可以应用"分组学习，共同研讨"的原则，推行到所有的学校里去。……

就目前教育上所发生的最严重的问题看来，在职教师如何充实自己，如何提高，的确最值得我们重视。一个优良的教师当然第一是他自己本身条件的优越。

原则十六　儿童教儿童

儿童教儿童，意思就是以儿童来教育儿童，以儿童来指导儿童。陶行知先生所提出的"小先生"制，就是以儿童教育儿童为原则的。……

儿童教儿童究竟有什么好处呢？它跟成人教儿童又有什么不同呢？现在，我想作一个简单的说明：

第一，儿童了解儿童的程度比成人所能了解的更为深刻。

第二，儿童鼓励儿童的效果比成人所能获得的更为巨大。

第三，儿童教儿童教学相长。

原则十七　精密观察

观察是获得知识的基本方法，而精密观察则是开启真理宝藏的钥匙。握着这把钥匙，我们便能接近科学的真理。探险家是凭着精密的观察，在自己生活的世界以外，发现新的世界的。科学家也是凭着精密的观察，在自己生活的周围，发现新的事物，无论是探险家或科学家，都是运用观察方法的能手，他们都凭借精密观察之力，来拓展新的世界！因此，在我们教学的过程中，如果也能采用观察的方法，一方面通过实地观察，来施行教学；另一方面通过实际研究来培养儿童善用观察的学习态度；则教学的效果，必将因此而有所增进。

活教育十七条教学原则曾分别发表在《活教育》月刊各卷，1948年汇编成集，由上海华华书店出版

7. 谁是成功的教师

学生是教师的一面镜子，教师的行为习惯，学养人格，都可以在学生们的行为上反映出来。

做教师难，做一个成功的教师更难。但是做教师的，谁不想做一个成功的教师！

我们都知道，教师的工作是直接影响着成千成万的学生，而间接又由这些学生来影响更多的人。教师的影响既如是之大，所以凡是做教师的，谁都应该做一个成功的教师。

一个教师，他整天的跟学生生活在一块，一言一语，一举一动，无形之中，学生都受着莫大的影响。所以有人说，学生是教师的一面镜子，教师的行为习惯，学养人格，都叮以在学生们的行为上反映出来。因此，一个教师如果希望学生有好的表现，自己一定先要有好的表现。但是，怎样才能有好的表现呢？又怎么样知道自己的表现是好的呢。

无疑的，我们需要一种量尺。一个教师可以用它来度量自己的成就，量出的结果，就是他成功或失败的最好的标记。而且，我们还可用以作自我检讨，找出自己的优点和缺点。

下面，我提出几种评量教师品格的量表，跟大家讨论。最后为了供给教师在个人方面，职务方面，作一个忠实的自我检讨起见；作者更提出美国最近的一种教师自我评量的量表。

一、笼统的评量方式

三十年前欧美各国大都应用着这种方式。其内容都是根据各个教育家的意见，将教师应有的品格，分为普通的和特殊的二大类：（可参阅罗廷光所著

之教学近记）

（1）普通的品格

分健康、仪表、声音、辞令、机敏、同情心、合作心、热心负责、诚恳忠实、进取精神十项。

（2）特殊的品格

教师除具备普通的品格之外，各级教师还应该具有特殊的品格。幼稚园教师应该具备何种品格呢？依柏格莱（Bagley）和堪斯（Keith）的意见，有下列四项。

a. 对于琐细事件的兴趣

b. 对于各儿童的兴趣

c. 明慧的忍耐心

d. 清晰的头脑及和蔼的性情

又小学教师应该具备何种品格呢？阿尔麦克（Almack）和兰格（Lang）曾经根据业务分析的原理来拟订：像：参考书、图书馆书目、书报指南等用法，普通学校所用教材的资料，朗读与语调悦耳正确，能奏一种乐器或歌曲，共廿条。

二氏又列举了小学教师应有的知识、技能和道德的标准：

a. 知识——读法、语言、拼法、算术、史地、公民、卫生、书法、体育、科学初步、音乐

b. 技能——注册保管，制作报告，指导游戏，监护儿童行为等

c. 道德——合作、热心、守正、坚忍、振作等

二、计分的评量方式

计分式的评量表也是廿五年前所采用的，内分四大项：（1）教室管理共一五五分。（2）仪容言动，共一九二分。（3）教材及教法共五二一分。（4）学生反应共一三二分，总计一千分。（可参阅孙邦正编著之教育视导大纲）

第一项，教室管理，下分上课下课，进出教室，空气、坐次、课内秩序等八小项。

第二项，仪容言动，内分态度、举动、体格、衣履、语言等八小项。

第三项，教材及教法，内分组织、复习旧课、指定工作、矫正、活动等十小项。

第四项，学生反应，内分兴趣、发问、反应三小项。

每一小项内，又分若干条，像上课下课这一小项内，共分三条，a. 遵守时间，九分。b. 迟到或早退三分钟以上，六分。c. 不依时间，三分。评量的时候，可以逐条记分，然后将各项总分相加，就可以看出这位教师的教学的效率是不是很高。

三、自我检讨的评量方式

检讨式的评量方式，是美国一位教育工作者芬纳（M. S. Fenner）所拟订的。我已经将它全部翻译出来了。教师可以用来自我检查，对于自己的身体、言行、生活、工作各方面，都可以自问自答的评量出自己是否是一个成功的教师。

我的仪容

1. 我的仪容已尽我所能使我感到可爱吗？

2. 我好好地整饬，使头发清洁，双手及指甲经常清洁吗？

3. 我的牙齿及口腔气味表示饮食适当和口腔卫生吗？

4. 我保持直立的姿势，而不依靠书桌吗？

5. 我的头部正直，两肩向后，胸部凸出，足趾支持体重，两臂及两腿舒适地摆动，显得风度优美吗？

6. 我避免坐立不定和用手指旋转铅笔等癖性吗？

我的康健

1. 我具有由康健而产生的充沛的体力吗？

2. 我的卫生习惯是合理的和规律的吗？我得到充足的新鲜空气和阳光吗？我有适当的饮食习惯吗？我适当地休息和锻炼体格吗？

3. 我免除健康上的缺陷和可以医疗的慢性疾患吗？

4. 我戒除有害健康的习惯吗？

5. 我能控制我的神经，而不在事后作不负责的推托吗？

6. 我能常年保持有余的精力，而不致发展成慢性的疲劳吗？

7. 我心情愉快，容光焕发，显示心理上和精神上的健康吗？

我的谈话

1. 在公开场合或私人谈话中，我的谈话能予人以良好的印象吗？

2. 在轮到我说话时，我不垄断他人的谈话时间吗？

3. 我曾察听自己的声音，知道确是悦耳的吗？

4. 假如我有了语音的缺陷如：发音含糊、鼻音、或音节不清等等，我有过适当的矫正吗？

5. 我说得相当地慢吗？

6. 我每天练习，以期养成清澈的发音和清晰的语音吗？

7. 我常常在增加我的字量吗？对于发音尚不确知的字，我查阅字典吗？

8. 我经常注意改进我的国语，使之值得作为学生的模范吗？

我的待人

1. 即使是在别人嘲笑我的时候，我仍能保持幽默感吗？我常常笑，而笑得颇有风趣吗？

2. 我对人讲话委婉而和悦，不过分地率直吗？

3. 我遇致怒之事，仍能保持心平气和，以免自己的感情受伤，而得批评和建议的益处吗？

4．我从从容容地和他人会晤，正视对方的眼睛吗？

5．我在宴会时有良好的礼貌吗？

6．我所写的信富有趣味吗？

7．我抑制自己，不过分用"我"字吗？

8．我能充分地报道时事、音乐、文字、运动以及其他方面的情形，不使我的谈话只限于"本行的事"吗？

我的职业

1．我是一个本地教育会，省教育会及全国教育会的会员吗？

2．我从专门的阅读、联合会、暑期学校、旅行等等来充实我的教学吗？

3．我已研究过并且遵守我的职业的道德规律吗？

4．我能体味教师职业的重要性，并且熟知它的历史吗？我宁愿教书而不愿做其他的事情吗？

5．由于自我检讨，指导员的建议，或应用新法实验，我曾发现我的教学弱点，并且努力克服吗？

6．我曾将我的教课经验撰文发表吗？

7．我至少用薪水的百分之一来购买经过选择的书籍吗？

8．在人类福利方面，我至少选择一个重要的范围而作一个忠诚的研究者吗？

我的学生

1．我像对待朋友一样地和学生相处，并且建立了相互了解，信任和尊敬吗？

2．我对每一个学生有真诚的兴趣，使他们感到公平无私吗？

3．学生有机会和我讨论编级及其他的问题吗？

4．我的教课是否有良好而有效的计划，使学生们都能真正地学习？学生喜欢我的课吗?

5. 学生对所教的课和指定的课业,觉得清楚理解吗?

6. 我利用有兴趣的班级活动,来获得良好的秩序,且使每个学习者都作相当的贡献,而非由于勉强服从吗?

7. 对于学习有困难的儿童们,我在课外给以指导,而不引起全班注意他们的行为吗?

8. 我的教室整齐清洁吗? 对于我的学生们是一个可爱的儿童之家吗?

我的同事

1. 我对于同事们的友谊良好吗?

2. 我和同学们、学校行政当局和教育局合作吗?

3. 我对于教室以外的事,如餐厅和运动场的监护等等,尽了我应尽的责任吗?

4. 我有庆贺同事们职务上的成功雅量吗?

5. 我按时地和准确地撰写报告和记录吗?

6. 我认为教师会议是一个学习的机会吗?

7. 我把决不诽谤同事这件事作为一个永久的规约吗?

8. 我能改变我的计划来配合他人的计划吗?

9. 我忠于我所参加的职业团体,并且将它的利益置于自己的利益之上吗?

10. 我履行诺言及义务能够使人信赖吗?

我的社会生活

1. 我是一个好邻居吗?

2. 我是真正的住在这里,还是做一个流动的教师,兴趣和活动均集中在外面呢?

3. 我参加社会活动吗? 我投选举票吗?

4. 我访问学生的家庭，俾能明了他们的背景和需要吗？我向父母们表示我对他们的孩子真诚地感到兴趣吗？

5. 我是父母教师联谊会的活动分子吗？

6. 我所教的课业和社会生活相配合，使之变成活的教学吗？

7. 我的社会的及道德的标准与我的职业相称吗？我在校外择交谨慎吗？

8. 我重视本地的风俗吗？

以上三种方式，我们可以来讨论一下，到底哪一种方式最好，最合用。第一种方式，我觉得太笼统，也不太具体，所以教师评量的时候，似乎得不到一个正确的答复。第二种方式可以说是给视导人员应用的，仅限于教师在教学的时候，逐项的评量，记载分数，而对于教师的人品学识各方面，都没有列举出来，所以第二种方式，只能用来评量教师的教学效率。第三种方式，是美国评量教师的一种，而这一种方式比较来得具体，内容也较详尽。就是日常生活最细微的小事件，也都列举出来了。所以每一个教师，可以依照里面的问题，在每一个星期里，或每一个月里，自己反省一次，然后在问题后面，作上一个记号，表示自己是否做到。不过，这一个量表的内容，还不能完全适合于中国教师应用，我希望以后能够加以修正，加以补充，拟订一个比较完善的评量表，给中国的教师应用。

本文系陈鹤琴为 1949 年 5 月上海《教师进修》创刊号特别撰写的文章

（本辑文章选自《陈鹤琴教育论著选》，人民教育出版社，1994 年 8 月版）

叶圣陶

为人生教育思想

叶圣陶（1894—1988），名绍钧，字秉臣，入中学后改字圣陶，江苏苏州人。我国近现代著名教育家。

1907 年春，考入苏州公立第一中学堂，接受 5 年新式教育，1912 年毕业开始从教，1917 年春至 1921 年夏，与吴宾若、王伯祥等人一起在吴县县立第五高等小学（苏州甪直）开展教育实验，并开始发表教育论文和教育小说。20 世纪 30 年代起，叶圣陶在商务印书馆、开明书店工作，编辑出版了《中学生》杂志，产生了广泛而深远的社会影响。叶圣陶积极投身语文学科建设，执笔撰写了我国第一部初中语文课程标准《初级中学国语课程纲要》；编辑出版了一系列中小学国文课本，其语文教材建设思想日趋成熟。叶圣陶主编的语文课本，为我国现代语文教材建设奠定了坚实基础。1949 年以后，担任国家出版总署和人民教育出版社领导工作，为语文教育事业继续作出重要贡献。

叶圣陶教育思想的总纲，即"为人生"的教育本质观。叶圣陶认为，"教育的价值在于打定人生观根基"。主张中小学教育要着眼于学生未来的成长和终身发展，为学生一生发展奠基。"学校教育的目的就在于使学生养成正确的人生观，因而不能不注意教育与人生的关系。"叶圣陶主张教育要培养学生的"公民意识"，要让学生成长为民主社会的自由人。这一着眼于人、人生和人的发展思想，使叶圣陶教育思想根本区别于传统教育观念，从而获得了鲜明的现代意义和价值。基于教育要为人生奠基这一思想，叶圣陶多次反复强调"教育就是要养成良好习惯"。指出"教育是什么？往简单方面说，只须一句话，就是要养成良好的习惯"。受教育的意义和目的是做人，做社会的够格的成员，做国家的够格的公民。养成良好习惯，就是要通过引导学生自觉地持之以恒地学习和实践，终身以之，永远实践。这正是教育之根本宗旨所在。

叶圣陶提出"教是为了达到不需要教"的教学哲学观。他说："教任何功课，最终目的都在于达到不需要教。假如学生进入这样一种境界，能够自己去探索，自己去辨析，自己去历练，从而获得正确的知识和熟练的能力，岂不是就不需要教了吗？"叶圣陶的这一著名论断，把尊重和激发学生主体自主发展作为教育教学的出发点和立足点，深刻反映了现代社会和人的发展对教育教学的要求，是对现代教育过程及其本质作出的科学而又通俗的精辟概括。从这种学生主体观出发，叶圣陶反对把学生当作"瓶子"，当作"容器"，当作一无所知"木头"的庸俗教学观，而主张把学生看作"生活体"，是具有生机的"种子"，是一个个有思想能创造的血肉丰满之躯，教育者的工作只是为他们的成长提供适当的条件。叶圣陶关于学生如同种子的思想，深刻表现出尊重个性、凸显主体的现代教育理念和创新教育思想。

叶圣陶倡导新型教师的师表风范观，认为"教育工作者的全部工作就是为人师表"。叶圣陶从当教师之日起，就把"我要做学生的朋友，我要学生做我的朋友"看作是"准备认真当教师的人的起码条件"。叶圣陶认为，中小学时代，学生身体发育捷速，元气激扬。一方面他们精神充足，思想、感情、意识等趋向于稳定；另一方面，他们思想敏锐，兴趣往往随时转移，新的需求日益增加，可塑性大。因此，在教学中教师应多方面满足学生的需求，真正成为值得学生信赖的好朋友。叶圣陶指出，中小学教师"言传"和"身教"是统一的、密不可分的，要真正做到"为人师表"。

叶圣陶倡导"国文是发展儿童心灵的学科"、是"应付生活的工具"的语文教育观。叶圣陶是中国现代语文的奠基人之一，是"语文"一词的创造者。叶圣陶对语文教学的深刻认识，同他对教育本质的思想相一致，即"各种功课有个总目标，那就是'教育'——造成健全的公民"。国文教学关注学生的心灵发展，也即关注人的精神和思想发育，关注人的自身发展。叶圣陶认为，"国文教学自有它独当其任的任，那就是阅读和写作的训练。学生眼前要阅读，要写作，至于将来，一辈子要阅读，要写作。这种技术的训练，他学科是不负责任的，全在国文教学的肩膀上"。叶圣陶指出了国文教学作为一门学科的独立价值，即要为一辈子的阅读写作打好基础。国文既是发展儿童心灵的重要学科，也是人生应付生活的必需工具，表现出叶圣陶对语文学科性质的科学认识和辩证理解。

1. 教师的修养（节选）

一个国家的教育程度如何，不是少数学校所能代表的，以偏概全，无论何事都不适用。至少要大多数学校达到某种程度，才可说某国的教育大概达到某种程度。

教育固然有一点缓不济急之嫌，然而总是我们程途中的一盏灯，能够照着我们的四周使之光亮起来，又能照见我们的目的地，使我们加增前进的勇气。我们有了它，虽然感觉现在站得不大稳定，但并不感觉空虚，因为丰美的秩序和境界出现在我们的想象中了。如其没有它呢？那就不堪设想了，当前这样昏暗，前途这样渺茫，我们即使不甘颓废，又何从振作起精神来呢？

教育不仅是有多少学校，不仅是有多少人谈谈而已，这件事情是要去做的，做了还要看实际的效果。一个国家的教育程度如何，不是少数学校所能代表的，以偏概全，无论何事都不适用。至少要大多数学校达到某种程度，才可说某国的教育大概达到某种程度。这是粗浅不过的常识，不必我来多说。

说到实际的效果，就得想起宗旨。若问宗旨，谁不会说要造就健全的人？而实施起来，不得不由算学教师教算学，由美术教师教美术，这是根本于一的意思，以为把算学美术等等东西萃于学生之一身，这学生就是个健全的人了。不过有一层，学生没有一种特别的本领，使自己只从算学教师那里学算学，而不起一毫别的关系，如思想的影响和性情的感染之类。如其算学是学会了，与算学教师的别的关系又是属于积极方面的，别的功课又都是这样，这个学生能够成为健全的人是无疑的了。但是假如别的关系不幸而是属于消极方面的，那就不能把已经学会算学来抵帐，即此一端，这个学生就难以成为健全的人了。所以算学教师的第一个条件固然在于能教算学，而将影响及学生感染及学生的所谓人品，务求其属于积极方面，这不能说是次要，至少要与能教算学同占第一条件的位置。美术教师等等当然同此一例。

说到评价，就得去听一般的舆论。对于我国教育的评价，且不说自己人所说的，曾有外国的教育家称赞我们，说我国的小学教育很有进步，只是中等教育差一点。大家听了这一句，颇觉得有点快慰，因为我们的小学教育进步了。这句话又引起了一些人的奋勉之心，向来不大有人提起的中学教育的种种问题，他们都着意去研究。于是"中等教育大有勃兴之象"这个意念，又时时在大家的脑际闪现了。但是我们躇进一个学校，或者遇见一个教师或学生，往往觉得怅惘起来，那种满足的快慰与预期的欣喜都像春梦一样模糊了，因为所接触的实况，全然不是这么一回事。具体一点说，就是与前面所说的第一个条件合不大上；即就算学教师而言，能教算学与否既成为问题，足以关涉及学生的人品又未必属于积极方面，这就根本的不成立了。所以外国教育家所说的小学教育很有进步和大家心头念着的中等教育大有勃兴之象，这两句话，至少要在前面加一点限制，如"某地某校的什么教育"才是，否则就不免犯以偏概全的弊病。

……

我想现在如其真心要向这些教师说法，不必讲什么设计教法、道尔顿制和教育测验等等，并不是说这些东西没有用处，这些东西的确是可贵的宝贝。但是它们好比是营养丰富的食品，而现在的一部分教师如上面所说的，正患着胃病，急待医治呢，胃病还没有治好，任何营养丰富的食品，只有个不消化而已。

我以为向这些教师说法，最要紧的是使他们的日常生活上轨道。所谓上轨道，指最平常的而言，就是一言一动，都没有消极的影响，一饮一啄，都要有正当的意义罢了。这虽是最正常的，也最根本的。如果能做到这样，再加上教法的研究，原理的了解，固然是教育所需求的教师；即使退一步，没有深切的研究和透彻的了解，只要能做到这样，也不失为中庸的教师，因为他们没有残害学生的思想和情感。

教师应当讲究修养的话早已有人说过了，我这里说的也无非是这个意思。但是近来，这些话似乎不大听见了。我想有两个原因：大家觉得太不新鲜，不高兴去重述这陈旧的老话，是其一；开口的人大多是主张进步和提高的，合于他们的好尚的话也就不少，更无暇去说这些平凡的话，是其二。其实一种值得提倡的话，在还没有被大家领受以前，不论经历了多少时代，总有重行陈述的价值，无所谓不太新鲜。至于进步和提高，确是我们所希望的，但是扔下倒退的人陷在坑底的人不管，也就难以收到统计上的效果。所以我诚恳地陈说，当教师的人应当讲究修养。一般主持教育界论坛的人，应当时时想起教师修养是一件必要提倡的事。

我觉得我这些意思并非杞忧，如果大家把教师修养的问题丢随后，教育的前途实在有很大的危险。请大家不要只看都市，也去看看农村，不要只看交通方便的地方，也去看看偏僻的内地，不要只看教育事业的外表，也去看看它的就里，就会与我表同情了。我由于知能的薄弱，不能作详细的调查和精密的报告。但是我怀着这个意思已经好久了，时时想说又时时作罢，以为这样浅薄的意思不能引起人们的注意。这一回又经过了很深的怅惘，殊觉不能自已，所以不管什么，就这样写了出来。

至于使教师真能讲究修养的有效方法，我也说不出来。我觉得最低的要求是"一言一行，都没有消极的倾向，一饮一啄，都要有正当的意义"。我想要走上这轨道，本当由各人自己去想办法的。而主持教育论坛的人根据自己的学识和经验，当然能够提出一些好的主意来供大家参考。我的目的只在促起大家的注意，所以虽然说不出什么有效的方法，也就不顾了。

末了我不得不责备教育行政人员。依理论讲，你们该知道教育应是什么性质，教师应是什么样人。你们为什么不在收发公文照例视察等等事务以外，看看教师们是否个个胜任教育的事务，你们如其肯看看，我这样的人所能感受到的想法，你们一定很敏锐地感受到了。于是你们可以想出聪明的办法来，使他们渐就改善。或者没有改善的希望了，那么随即撤换也是你们的权力所能做的，而且是极正当的。要知道牺牲几个人的饭碗究竟是小事，"救救圣子"才是至要的重务。但是你们全不想到这些，只顾在那里或则瞎忙，或则混饭，我就对你们大为失望了。

一线的光明尚在师范学校，我愿师范学校好自珍重，容纳我这里所说的一些意思。师范学校能于学生修养上特别注意，说得低一点，也可以造就水平线以上的教师。而事实证明不止于此，现在有点成就的青年教育家，大部分是从好的师范学校里出来的。所以我虽是怅惘，却还存着一些乐观，只希望师范学校多多流出清水来，把旧时的浊水冲去，于是我们就有一池清水了。

1923 年 8 月 6 日作

2. 如果我当教师

我现在不当教师。如果我当教师的话，在"教师节"的今日，我想把以下的话告诉自己，策励自己，这无非"以后种种譬如今日生"的意思。

我如果当小学教师，决不将投到学校里来的儿童认作讨厌的小家伙，惹人心烦的小魔王；无论聪明的、愚蠢的、干净的、肮脏的，我都要称他们为"小朋友"。那不是假意殷勤，仅仅浮在嘴唇边，油腔滑调的喊一声；而是出于衷诚，真心认他们作朋友，真心要他们作朋友的亲切表示。小朋友的成长和进步是我的欢快；小朋友的羸弱和拙钝是我的忧虑。有了欢快，我将永远保持它；有了忧虑，我将设法消除它。对朋友的忠诚，本该如此；不然，我就够不上作他们的朋友，我只好辞职。

我将特别注意，养成小朋友的好习惯。我想"教育"这个词儿，往精深的方面说，一些专家可以写成巨大的著作，可是就粗浅方面说，"养成好习惯"一句话也就说明了它的含义。无论怎样好的行为，如果只表演一两回，而不能终身以之，那是扮戏；无论怎样有价值的知识，如果只挂在口头说说，而不能彻底消化，举一反三，那是语言的游戏；都必须化为习惯，才可以一辈子受用。养成小朋友的好习惯，我将从最细微最切近的事物入手；但硬是要养成，决不马虎了事。譬如门窗的开关，我要教他们轻轻的，"砰"的一声固然要不得，足以扰动人家的心思的"咿呀"声也不宜发出；直到他们随时随地开关门窗总是轻轻的，才认为一种好习惯养成了。又如菜蔬的种植，我要教他们经心着意的做，根入土要多少深，两棵之间的距离要多少宽，灌溉该怎样调节，害虫该怎样防治，这些都得由知识化为实践；直到他们随时随地种植植物，总是这样经心着意，才认为又养成了一种好习惯。这样的好习惯不仅对于某事物本身是好习惯，更可以推到其他事物方面去。对于开门关窗那样细微的事，尚且不愿意扰动人家的心思，还肯作奸犯科，干那些扰动社会安宁的事吗？对于种植蔬菜那样切近的事，既因工夫到家，收到成效，对于其他切近生活的事，抽象的如自然原理的认识，具体的如社会现象的剖析，还肯节省工夫，贪图省事，让它马虎过去吗？

我当然要教小朋友识字读书，可是我不把教识字教读书认作终极的目的。我要从这方面养成小朋友语言的好习惯。有一派心理学者说，思想是不出声的语言；所以语言的好习惯也就是思想的好习惯。一个词儿，不但使他们知道怎么念，怎么写，更要使他们知道它的含义和限度，该怎样使用它才的当。一句句子，不但使他们知道怎么说，怎么讲，更要使他们知道它的语气和情调，该用在什么场合才合式。一篇故事，不但使他们明白说的什么，更要借此发展他们的意识。一首诗歌，不但使他们明白咏的什么，更要借此培养他们的情绪。教识字教读书只是手段，养成他们语言的好习惯，也就是思想的好习惯，才是终极的目的。

我决不教小朋友像和尚念经一样，把各科课文齐声合唱。这样唱的时候，完全失掉语言之自然，只成为发声部分的机械运动，与理解和感受很少关系。既然与理解和感受很少关系，那么，随口唱熟一些文句又有什么意义？

现当抗战时期，课本的供给很成问题，也许临到开学买不到，可是我决不说"没有课本，怎么能开学呢！"我相信课本是一种工具或凭借，但不是唯一的工具或凭借。许多功课都是不一定要利用课本的，也可以说，文字的课本以外还有非文字的课本，非文字的课本罗列在我们周围，随时可以取来利用，利用得适当，比较利用文字的课本更为有效，因为其间省略了一条文字的桥梁。公民，社会，自然，劳作，这些功课的非文字的课本，真是取之不尽，用之不竭；书铺子里没有课本卖，又有什么要紧？只有国语，是非有课本不可的；然而我有黑板和粉笔，小朋友还买得到纸和笔，也就没有什么关系。

小朋友顽皮的时候，或者做功课显得很愚笨的时候，我决不举起手来，在他们的身体上打一下。打了一下，那痛的感觉至多几分钟就消失了；就是打重了，使他们身体上起了红肿，隔一两天也就没有痕迹；这似乎没有多大关系。然而这一下不只是打了身体，同时也打了他们的自尊心；身体上的痛或红肿，固然不久就会消失，而自尊心所受的损伤，却是永远不会磨灭的。我有什么权利损伤他们的自尊心呢？并且，当我打他们的时候，我的面目一定显得很难看，我的举动一定显得很粗暴，如果有一面镜子在前面，也许自己看了也会嫌得可厌。我是一个好好的人，又怎么能对着他们有这种可厌的表现呢？一有这种可厌的表现，以前的努力不是根本白费了吗？以后的努力不将不产生效果吗？这样想的时候，我的手再也举不起来了。他们的顽皮和愚笨，总有一个或多个的原由；我根据我的经验，从观察和剖析找出原由，加以对症的治疗，哪还会有一个顽皮的愚笨的小朋友在我周围吗？这样想的时候，我即使感情冲动到怒不可遏的程度，也就立刻转到心平气和，再不想用打一下的手段来出气了。

我还是作小朋友家属的朋友，对他们的亲切和忠诚和对小朋友一般无二。小朋友在家庭里的时间，比在学校里来得多；养成他们的好习惯，必须与他们的家属取得一致才行。我要往东，家属却要他们往西，我教他们这样，家属却教他们不要这样，他们便将徘徊歧途，而我的心力也就白费。做家属的亲切忠诚的朋友，我想并不难；拿出真心来，从行为、语言、态度上表现我要小朋友好，也就是要他们的子女弟妹好。谁不爱自己的子女弟妹？还肯故意与我不一致。

我如果当中学教师，决不将我的行业叫做"教书"，犹如我决不将学生入学校的事情叫做"读书"一个样。书中积蓄着古人和今人的经验，固然是学生所需要的；但是就学生方面说，重要的在于消化那些经验成为自身的经验，说成"读书"，便把这个意思抹杀了，好像入学校只须做一些书本上的功夫。因此，说成"教书"，也便把我当教师的意义抹杀了，好像我与从前书房里的老先生并没有什么分别。我与从前书房里的老先生其实是大有分别的：他们只须教学生把书读通，能够去应考试，取功名，此外没有他们的事儿；而我呢，却要使学生能做人，能做事，成为健全的公民。这里我不敢用一个"教"字。因为用了"教"字，便表示我有这么一套本领，双手授与学生的意思；而我的做人做事的本领，能够说已经完整无缺了吗？我能够肯定的说我就是一个标准的健全的公民吗？我比学生，不过年纪长一点儿、经验多一点儿罢了。他们要得到他们所需要的经验，我就凭年纪长一点儿、经验多一点儿的份儿，指示给他们一些方法，提供给他们一些实例，以免他们在迷茫之中摸索，或是走了许多冤枉道路才达到目的——不过如此而已。所以，若有人问我干什么，我的回答将是"帮助学生得到做人做事的经验"；我决不说"教书"。

我不想把"忠""孝""仁""爱"等等抽象德目向学生的头脑里死灌。我认为这种办法毫无用处，与教授"蛋白质""脂肪"等名词不会使身体得到营养一个样。忠于国家忠于朋友忠于自己的人，他只是顺着习惯之自然，存于内心，发于外面，无不恰如分寸；他决不想到德目中有个"忠"字，才这样存心，这样表现。进一步说，想到了"忠"字而行"忠"，那不一定是"至忠"；因为那是"有所为"，并不是听从良心的第一个命令。为了使学生存心和表现合着某种德目，而且切合得纯任自然，毫不勉强，我的办法是在一件一件事情上，使学生养成好习惯。譬如举行扫除或筹备什么会之类，我自己奋力参加，同时使学生也要奋力参加；当社会上发生了什么问题的时候，我自己看作切身的事，竭知尽力的图谋最好的解决，同时使学生也要看作切身的事，竭知尽力的图谋最好的解决：在诸如此类的事情上，养成学生的好习惯，综合起来，他们便实做了"忠"字。为什么我要和他们一样的做呢？第一，我听从良心的第一个命令，本应当"忠"；第二，这样做才算是指示方法，提供实例，对于学生尽了帮助他们的责任。

我认为自己是与学生同样的人，我所过的是与学生同样的生活；凡希望学生去实践的，我自己一定实践；凡劝戒学生不要做的，我自己一定不做。譬如，我希望学生整洁，勤快，我一定把自己的仪容、服装、办事室、寝室弄得十分整洁，我处理各种公事私事一定做得十分勤快；我希望学生出言必信，待人以诚，我每说一句话一定算一句话，我对学生和同事一定掬诚相示，毫不掩饰；我劝戒学生不要抽烟卷，我一定不抽烟卷，决不说"你们抽不得，到了我们的年纪才不妨抽"的话；我劝戒学生不要破坏秩序，我一定不破坏秩序，决不做那营私结派磨擦倾轧的勾当。为什么要如此？无非实做两句老话，叫做"有诸己而后求诸人，无诸己而后非诸人"。必须"有诸己"，表示出愿望来，吐露出话语来，才有真气，才有力量；大家也易于受感动。如果不能"有诸己"、"无诸己"，表示和吐露的时候，自己先就赧赧然了，哪里有什么真气？哪里还有力量？人家看穿了你的矛盾，至多报答你一个会心的微笑罢了，哪里会受你的感动？无论学校里行不行导师制，无论我当不当导师，我都准备如此，因为我的名义是教师，凡负教师的名义的人，谁都有帮助学生的责任。

我不想教学生做有名无实的事情。设立学生自治会了，组织学艺研究社了，通过了章程，推举了职员，以后就别无下文，与没有那些会和社的时候一个样：这便是有名无实。创办图书馆了，经营种植园了，一阵高兴之后，图书馆里只有七零八落的几本书，一天功夫没有一两个读者，种植园里蔓草丛生，蛛网处处，找不到一棵像样的蔬菜，看不见一朵有劲的花朵：这便是有名无实。做这种有名无实的事比不做还要糟糕；如果学生习惯了，终其一生，无论做什么事总是这样有名无实，种种实际事务还有逐渐推进和圆满成功的希望吗？我说比不做还要糟糕，并不是抱着多一事不如少一事的心思，主张不要成立那些会和社，不要有图书馆种植园之类的设备。我只是说干那些事都必须认真去干，必须名副其实。自治会硬是要"自治"，研究社硬是要"研究"，项目不妨简单，作业不妨浅易，但凡是提了出来的，必须样样实做，不放松；有了图书馆硬是要去阅读和参考，有了种植园硬是要去管理和灌溉，规模不妨狭小，门类不妨稀少，但是既然有了这种设备，必须切实利用，每一个机会都不放过。而且，那决不是一时乘兴的事，既然已经干了起来，便须一直干下去，与学校同其寿命。如果这学期干得起劲，下学期却烟消云散了，今年名副其实，明年却徒有其名了，这从整段的过程说起来，还是个有名无实，还是不足以养成学生的好习惯。

我无论担任哪一门功课，自然要认清那门功课的目标，如国文科在训练思维，养成语言文字的好习惯，理化科在懂得自然，进而操纵自然之类；同时我不忘记各种功课有个总目标，那就是"教育"——造成健全的公民。每一种功课犹如车轮上的一根"辐"，许多的辐必须集中在"教育"的"轴"上，才能成为把国家民族推向前进的整个"轮子"。这个观念虽然近乎抽象，可是很关重要。有了这个观念，我才不会贪图省事，把功课教得太松太浅，或者过分要好，把功课教得太紧太深。做人做事原是不分科目的；譬如，一个学生是世代做庄稼的，他帮同父兄做庄稼，你说该属于公民科，生物科，还是数学科？又如，一个学生出外旅行，他接触了许多的人，访问了许多的古迹，游历了许多的山川城镇，你说该属于史地科，体育科，还是艺术科？学校里分科是由于不得已；要会开方小数，不能不懂得加减乘除；知道了唐朝，不能不知道唐朝的前后是什么朝代；由于这种不得已，才有分科教学的办法。可是，学生现在和将来做人做事，还是与前面所举的帮做庄稼和出外旅行一个样，是综合而不可分的；那末，我能只顾分科而不顾综合，只认清自己那门功课的目标而忘记了造成健全的公民这个总的目标吗？

我无论担任哪一门功课，决不专作讲解工作，从跑进教室始，直到下课铃响，只是念一句讲一句。我想，就是国文课，也得让学生自己试读试讲，求知文章的意义，揣摩文章的法则；因为他们一辈子要读书看报，必须单枪匹马，无所依傍才行，国文教师决不能一辈子伴着他们，给他们讲解书报。国文教师的工作只是待他们自己尝试之后，领导他们共同讨论：他们如有错误，给他们纠正；他们如有遗漏，给他们补充；他们不能分析或综合，替他们分析和综合。这样，他们才像学步的幼孩一样，渐渐的能够自己走路，不需要人搀扶；国文课尚且如此，其他功课可想而知。教师捧着理化课本或史地课本，学生对着理化课本或史地课本，一边是念一句讲一句，一边是看一句听一句；这种情景，如果仔细想一想的话，多么滑稽又多么残酷啊！怎么说滑稽？因为这样之后，任何功课都变为国文课了，而且是教学不得其法的国文课。怎么说残酷？因为学生除了听讲以外再没有别的工作，这样听讲要连续到四五个钟头，实在是一种难受的刑罚，我说刑罚决非夸张，试想我们在什么会场里听人演讲，演讲者的话如果无多意义，很少趣味，如果延长到两三个钟头，我们也要移动椅子，拖擦鞋底，作希望离座的表示；这由于听讲到底是被动的事情，被动的事情做得太久了，便不免有受刑罚似的感觉。在听得厌倦了而还是不能不听的时候，最自然的倾向是外貌表示在那里听，而心里并不在听；这当儿也许游心外骛，一心以为有鸿鹄将至，也许什么都不想，像老僧入了禅定。教学生一味听讲，实际上无异于要他们游心外骛或者什么都不想，无异于摧残他们的心思活动的机能，岂不是残酷？

我不怕多费学生的心力，我要他们试读，试讲，试作探讨，试作实习，做许多的工作，比仅仅听讲多得多，我要教他们处于主动的地位。他们没有尝试过的事物，我决不滔滔汩汩的一口气讲给他们听，他们尝试过了，我才讲，可是我并不逐句逐句的讲书，我只给他们纠正，给他们补充，替他们分析和综合。

我如果当大学教师，还是不将我的行业叫做"教书"。依理说，大学生该比中学生更能够自己看书了；我或者自己编了讲义发给他们，或是采用商务印书馆的《大学丛书》或别的书给他们作课本，他们都可以逐章逐节的看下去，不待我教。如果我跑进教室去，按照讲义上课本上所说的复述一遍，直到下课铃响又跑出来，那在我是徒费口舌，在他们是徒费时间，太无聊了；我不想干那样无聊的勾当。我开一门课程，对于那门课程的整个系统或研究方法，至少要有一点儿是我自己的东西，依通常的说法就是所谓"心得"，我才敢于跑进教室去，向学生口讲手划，我不但把我的一点儿给与他们，还要诱导他们帮助他们各自得到他们的一点儿；唯有如此，文化的总和才会越积越多，文化的质地才会今胜于古，明日超过今日。这就不是"教书"了。若有人问这叫什么，我的回答将是："帮助学生为学"。

据说以前的拳教师教授徒弟，往往藏过一手，不肯尽其所有的拿出来；其意在保持自己的优势，徒弟无论如何高明，总之比我少一手。我不想效学那种拳教师，决不藏过我的一手。我的探讨走的什么途径，我的研究用的什么方法，我将把途径和方法在学生面前尽量公开。那途径即使是我自己开辟的，那方法即使是我独自发现的，我所以能够开辟和发现，也由于种种的"势"，因缘凑合，刚刚给我捉住了；我又有什么可以矜夸的？我又怎么能自以为独得之秘？我如果看见了冷僻的书或是收集了难得的材料，我决不讳莫如深，绝不提起，只是偷偷的写我的学术论文。别的人，包括学生在内，倘若得到了那些书或材料，写出学术论文来，不将和我一样的好，或许比我更好吗？将书或材料认为私有的东西，侥幸于自己的"有"，欣幸于别人的"没有"，这实在是一种卑劣心理，我的心理，自问还不至这么卑劣。

我不想用禁遏的方法，板起脸来对学生说，什么思想不许接触，什么书籍不许阅读。不许接触，偏要接触，不许阅读，偏要阅读，这是人之常情，尤其在青年。禁遏终于不能禁遏，何必多此一举？并且，大学里的功夫既是"为学"，既是"研究"，作为研究对象的材料是越多越好；如果排斥其中的一部分，岂不是舍广博而趋狭小？在化学实验室里，不排斥含有毒性的原素；明知它含有毒性，一样的要教学生加以分析，得到真切的认识。什么思想什么书籍如果认为不要的话，岂不也可以与含有毒性的原素一样看待，还是要加以研究？学生在研究之中锻炼他们辨别力和判断力，从而得到结论，凡真是要不得的，他们必将会直指为要不得。这就不禁遏而自禁遏了；其效果比一味禁遏来得切实。

我要作学生的朋友，我要学生作我的朋友。凡是在我班上的学生，我至少要知道他们的性情和习惯，同时也要使他们知道我的性情和习惯。这与我的课程，假如是宋词研究或工程设计，似乎没有关系，可是谁能断言确实没有关系？我不仅在教室内与学生见面，当休闲的时候也要与他们接触，称心而谈，绝无矜饰，像会见一位知心的老朋友一个样。他们如果到我家里来，我决不冷然的问："你们来作什么？"他们如果有什么疑问，问得深一点儿的时候，我决不摇头说："你们要懂得这个还早呢！"问得浅一点儿的时候，我决不带笑说："这还要问吗？我正要考你们呢！"他们听了"你们来作什么"的问话，自己想想说不出来作什么，以后就再也不来了。他们见到问得深也不好，问得浅也不好，不知道怎样问才不深不浅，刚刚合适，以后就再也不问了。这种拒人千里的语言态度，对于不相识的人也不应该有，何况对于最相亲的朋友？

我还是不忘记"教育"那个总目标；无论我教什么课程，如宋词研究或工程设计，决不说除此之外再没有我的事儿了，我不妨纵情任意，或去嫖妓，或去赌博，或作其他不正当的事。我要勉为健全的公民，本来不该作这些事；我要勉为合格的大学教授，尤其不该作这些事。一个教宋词研究或工程设计的教师，他的行为如果不正当的话，其给与学生的影响虽是无形的，却是深刻的；我不能不估计它的深刻程度。我无法教学生一定要敬重我，因为敬重不敬重在学生方面而不在我的方面；可是我总得在课程方面同时在行为方面，尽力取得他们的敬重，因为我是他们的教师。取得他们的敬重，并不为满足我的虚荣心，只因为如此在证明我对课程同时对那个总的目标负了责。

无论当小学中学或大学的教师，我要时时记着，在我面前的学生都是准备参加建国事业的人。建国事业有大有小，但样样都是必需的；在必需这个条件上，大事业小事业彼此平等。而要建国成功，必须参加各种事业的人个个够格，真个能够干他的事业。一班学生毕业的时候，我要逐个逐个的审量一下：甲够格吗？乙够格吗？丙够格吗？……如果答案全是肯定的，我才对自己感到满意；因为我帮助学生总算没有错儿，我对于建国事业也贡献了我的心力。

我决不"外慕徙业"，可是我也希望精神和物质的环境能使我安于其业。安排这样的环境，虽不能说全不是我所能为力，但大部分属于社会国家方面；因此我就不说了。

1941 年 8 月 23 日发表

3. 如果教育工作者发表《精神独立宣言》

现在的教育工作者可不是什么人家的西席，而是以国民的身份，对国家尽一份责任，担一份工作。

第一次世界大战以后，罗曼罗兰、巴比塞、罗素等人发表过一篇《精神独立宣言》，说明文化界人士的态度：消极方面，不再受野心家的利用；积极方面，要为自己所抱的正义和所奉的理想坚决努力。

现在，第二次世界大战又过去了。放眼看世界，全不像个"为万世开太平"的局面。在战争尚未结束的时候，大家怀着热切的希望，以为人类该是一种长进的动物，经过了这一场反法西斯的战争，总会把世界好好的安排一下吧。谁知战争结束之后却是强烈的失望。单是心理上的失望还没多大关系，无奈连实际生活上也失望：精神生活与物质生活原是分不开的。在这个时期，岂止文化界人士，各国各民族大多数的人正要联合起来发表一篇《精神独立宣言》，表表消极方面怎么样，积极方面怎么样。这篇宣言至今没有看见，实在也没有人写；可是写在人们心里，写在所有切望"为万世开太平"的人们心里。

把范围缩小来，人限于我国，工作部门限于教育，我国的教育工作者也切需来一篇《精神独立宣言》。

教育事业的目标在辅导下一辈人的发育生长。说到发育生长，其中就含有健全的，善良的，群己两利的，种种意思。辅导不能凭空辅导，必须寄托在实际事为上。知识的传授和能力的锻炼都是实际事为，通过这些实际事为才可以辅导，才可以使下一辈人发育生长。

教育并不是一种孤立性的事业，与其他部门都有牵连。可是，教育决不是一种附庸性的事业，对于辅导下一辈人的发育生长，他负着最直接的责任。其他部门与教育的目标协调的时候，教育工作者自当精进不懈，努力尽他们的责任。其他部门与教育的目标不协调的时候，教育工作者为了不肯放弃他们的责任，就得自闯道路，干他们自己的。曾国藩所说的"一二人"固然不足以收什么功效，但是大群的教育工作者都来干他们自己的，未尝不可以转移风气，挽回世运。

如果我国的教育工作者要发表一篇《精神独立宣言》，我想，其中至少包含以下几点意见。

一、表示教育工作者不再承袭我国传统的教育精神。传统的教育以圣经贤传为教。且不问圣经贤传是否适于为教，而用圣经贤传作幌子，实际上却把受教育者赶上利禄之途，是传统的教育最不可容恕之点。如今的什么学科什么课程也是幌子，实际上也在把受教育者赶上利禄之途。利禄之途无论赶得上赶不上，总之与真实受用是两回事儿，与人的发育生长是两回事儿。发育生长了，得到真实受用了，去干一种事务，去做一行职业，这是尽其所能，不是利禄之途。走利禄之途的是只望不劳而获，损人以益己。这在从前已经不合，在今日尤其是大愚。教育工作者为了要尽自己的责任，不能不表示不再承袭传统的教育精神。

二、表示教育工作者不再无视是非善恶。从前人家聘请来教子弟的教师叫"西席"，西席在馆东家里处于宾客的地位，自然，不便过问馆东家里的事。现在的教育工作者可不是什么人家的西席，而是以国民的身份，对国家尽一份责任，担一份工作。就其国民的身份而言，对于一切事情的是非善恶自该下个判断，立个主张。若说教育工作者是超然的，除了教育而外没有什么判断和主张，那是不通的。生在这个地球之上，就没法超然于这个地球，生在这个国家之内，就没法超然于这个国家：对于一切事情没有判断和主张，只是委心顺运的活下去，岂不跟圈栏里的牛羊相去无几？若说教育工作者处于宾客的地位，有什么判断和主张也不便宣布，那也不妥。非宾客而自以为宾客，不妥。抛却了国民的身份，不妥。畏首畏尾，抹杀立场，不妥。教育工作者教的固然不过某学科某课程，但是某学科某课程之外还有"身教"，而身教的凭借，最重要的是明是非，辨善恶。多数的教育工作者能够明是非，辨善恶，身教的影响所及，世间还有不明的是非，不辨的善恶吗？在今日以前，老实说，教育工作者未免"西席"化了，这对于教育工作者自身诚然是欠缺，因而不能尽教育的责任，尤其是严重的过失。所以要立刻改变过来，从今以后，教育工作者要明是非，辨善恶，有见必言，有言必践，即以此立身，同时也以此为教。

三、表示教育工作者只对人民服务。换句话说，不对某些个人或者某些个集团服务。人民不是个抽象的名词，是姓张的，姓李的，种田的，作工的，许许多多人的总称。这些人休戚相望，利害与共，教育工作者就杂厕在其中，教育工作者也是人民。教育工作者所以愿意费心劳力，做工作，尽责任，为的希望大家发育成长，不断的趋向美善，尽量的享受幸福。这其间，为人也为己，为己也为人，实在分不开来。惟其分不开来，教育对于教育工作者才是一种有意义的值得去干的事业，好比在自己参加的合作社里担一份职务一样。可是在过去，乃至在现在，教育工作者都有点儿像"老板店"里的伙计，吃老板的饭，为老板服务，主意是老板的，得来的利益也是老板的。教育工作者成了伙计，就只能吹吹打打，滥作商业宣传，说本店的货色顶好，或者一无表示，唯唯诺诺，老板存着些霉烂货色，也昧着良心搬出去卖给主顾；这样，为老板服务是到家了，教育的意义可完全失掉了。教育工作者如果认清自己是干教育的，就决不愿意当什么伙计；惟有在为人也为己、为己也为人的出发点上，才愿意干他们的真正的教育工作。

四、表示教育工作者的终极目标是"为万世开太平"。说万世，多么久远；说太平，多么艰难。但是生而为人，就不能不站在人的地位着想；天文学的观点和生物学的观点固然可以有，然而在作这些观察的时候，已经离开了人的地位了。站在人的地位，就得作这样想：即使太平不能立致，甚至距离很远，可不能不开其端，立其基。否则一直乱糟糟的，战争，饥饿，贫穷，疾病，侵凌，压迫，人将何以为人？开其端，立其基，在乎一点一滴的实干，尤其在乎多数人一点一滴的实干。教育工作者干的是教育，这件事的本身就是那所谓一点一滴；同时他们辅导下一辈人发育生长，也无非要使下一辈人有他们的一点一滴。记不清什么人有一首诗，题目叫《愿无尽》，借他的诗题来说，太平之境无尽，教育工作者之愿也无尽。

我国的教育工作者有切需发表一篇《精神独立宣言》，包含以上几点意见的吗？我愿执鞭而从之。

1947年3月4日作，原题无"工作"二字

4. 改善生活方式（节选）

原来"教育"这个词儿，如果解释得繁复，几本书未必说得完；简单的解释，一句话就可以说尽，就是"养成好习惯"。

原来"教育"这个词儿，如果解释得繁复，几本书未必说得完；简单的解释，一句话就可以说尽，就是"养成好习惯"。怎样的习惯才算好？能使才性充量发展的是好习惯，能把事情做得妥善的是好习惯，能使公众得到福利的是好习惯，大概也不过如此而已。所谓"自我教育"，就是不去依傍他人的力量，自己来养成这些好习惯。青年们如果怀着理想的话，如果热切期望实现理想的话，那么急于养成好习惯的愿望自然会像火一般的燃烧起来。青年们虽然不像将士一样在前线打仗，可是大家都知道，现代战争的决定因素不限于军事。军事有办法，其他却极糟糕，胜利还是没有把握的。一个人不守秩序，一个人办不好事，一个人技术低劣。看来好像关系很微细；但是多数人不守秩序，多数人办不好事，多数人技术低劣，关系就重大了，这将抵销军事的成绩还有欠额，结果将得不到"胜"而得到"败"。怀着理想的青年谁肯做这样的"一个人"呢？不肯做，就得整饬自己，训练自己，养成种种好习惯。别人如何且不管，总之先把自己做成一个问心无愧实际上确然无愧的人。每个青年都不肯做这样的"一个人"，也就不会有这样的"多数人"了，这才有实现那个"胜"字的指望。

……

"自我教育"好像是个人的事，其实凡是人的事决不会是个人的，个人的思想行动必然牵涉到别人，思想行动必然在群众中间表现，所以养成好习惯须特别偏重在群的方面。在群的方面有了种种好习惯，其人还会有问题吗？

在群的方面恪守秩序，在群的方面办好事，在群的方面修练技能，这可以概括合理的生活方式的全部了。不要说别人马马虎虎，我也不妨马马虎虎。要知道别人马虎是别人的事，我管不着。我的马虎不马虎是我自己的事，我管得着。既然管得着，为了我的理想就不应该马马虎虎。这样办法好像是冥心孤往，怪寂寞的。其实不然。所谓"德不孤，必有邻"，你取了这样的生活方式，必然有同样的人来做你的同志。同志的最确切的意义，该是互相督促互相激励的一群人中间的一个。有一群人在一起，理想相同，生活方式相同，各人自我教育，同时也就是彼此互相教育，这是多么有劲的情形，哪里会感到寂寞？这样的群扩大开来，直到包括我们青年的全部，一切情形该会大大的改观吧。即使一切的壮年人中年人老年人都不行，单靠这样一批青年，就将开个新局面。何况壮年人中年人老年人也不全是废料，他们只要有理想，也会像青年一样振作起来。

1942 年 5 月 5 日发表

5．习惯成自然

我们在学校里受教育，目的在养成习惯，增强能力。我们离开了学校，仍然要种种方面受教育，并且要自我教育。目的还是在养成习惯，增强能力。

"习惯成自然"，这句老话很有意思。

我们走路，为什么总是一脚往前，一脚在后，相互交替，两条胳臂跟着动荡，保持身体的均衡，不会跌倒在地上？我们说话为什么总是依照心里的意思，先一句，后一句，一直连贯下去，把要说的都说明白了？

因为我们从小习惯了走路，习惯了说话，而且"成自然"了。什么叫做"成自然"？就是不必故意费什么心，仿佛本来就是那样的意思。

走路和说话是我们最需用的两种基本能力。推广开来，无论哪一种能力，要达到了习惯成自然的地步，才算我们有了那种能力。不达到习惯成自然的地步，勉勉强强地做一做，那就算不得我们有了那种能力。如果连勉勉强强做一做也不干，当然更说不上我们有了那种能力了。

听人家说对于样样事物要仔细观察，才能懂得明白，心里相信这个话很有道理。这当儿，我们还不是已经有了观察的能力。

听人家说劳动是人人应做的事，一切的生活资料，一切的文明文化，都从劳动产生出来的，心里相信这个话很有道理，我们还不是已经有了劳动的能力。

听人家说读书是充实自己的一个重要法门，书本里包含着古人今人的经验，读书就是向许多古人今人学习，心里相信这个话很有道理。这当儿，我们还不是已经有了读书的能力。

听人家说人必须做个好公民，现在是民主的时代，个个公民尽责守分，才能有个好秩序，成个好局面，自己幸福，大家幸福，心里相信这个话很有道理。这当儿，我们还不是已经有了做好公民的能力。

这样说下去是说不完的，就此打住，不再举例。

要有观察的能力，必须真个用心去观察。要有劳动的能力，必须真个动手去劳动。要有读书的能力，必须真个把书本打开，认认真真去读。要有做好公民的能力，必须真个把公民应做的一切事认认真真去做。在相信人家的话很有道理的时候，只是个"知"罢了，"知"比"不知"似乎好些，但仅仅是"知"，实际上与"不知"并无两样。到了真个去观察去劳动的时候，"知"才渐渐化为我们的习惯，习惯成自然，才是我们的能力。

通常说某人能力不强，就是某人没有养成多少习惯的意思。譬如说张三记忆力不强，就是张三没有把看见的听见的一些事物好好记住的习惯。譬如说李四发表力不强，就是李四没有把自己的思想和感情说出来写出来的习惯。

习惯养成得越多，那个人的能力越强。我们做人做事，需要种种的能力，所以最要紧的是养成种种的习惯。

养成习惯，换个说法，就是教育。教育不限于学校，也不限于读书，学校教育只是教育的一部分，读书这件事也只是教育的一部分。我们在学校里受教育，目的在养成习惯，增强能力。我们离开了学校，仍然要从种种方面受教育，并且要自我教育，目的还是在养成习惯，增强能力。习惯越自然越好，能力越增强越好，孔子一生"学而不厌"，就为他看透了这个道理。

1945 年 7 月 16 日发表

6."瓶子观点"

一方面讲一讲，一方面听一听，在一讲一听之间，东西就装进了瓶子。东西既然装进了瓶子，瓶子里既然装进了东西，不是立刻会起作用吗？这诚然是个好的意见，可惜这样的愿望不免要落空。

一个空瓶子，里边没有东西。把什么东西装进去，就不是瓶子了。装得满满的，就是实瓶子了。

不知道从什么时候起，我们爱把受教育的人看成瓶子，瓶子里短少些什么，就给装进些什么。譬如，发觉思想政治教育不够好，立刻想到恢复政治课，发觉学生的劳动观点不怎么强，他们不怎么热爱劳动，立刻想到在语文课里补充些"劳动教材"（有关劳动模范、先进生产者之类的文章）。这样做法，目的很明显，愿望很单纯。把政治课装进瓶子，思想政治教育就见成效了，把"劳动教材"装进瓶子，学生就加强劳动观点，热爱劳动了。

仔细想想，恐怕并不是这么一回事。

说唯有政治课能收思想政治教育的成效，言外之意就是其他学科跟思想政治教育不大发生关系，至少收不到什么成效。依我的想法，其他学科跟思想政治教育都有关系，只要教得好，都能收思想政治教育的成效。不着眼在其他学科上，光把希望寄托在政治课，政治课也会像其他学科一样，收不到思想政治教育的成效。

认为多读几篇"劳动教材"就可以加强劳动观点，热爱劳动，倒过来说，不就是学生所以不爱劳动，在乎少读了几篇"劳动教材"吗？天下事有简单到这般地步的吗？依我的想法，读几篇"劳动教材"固然没有害处，可是也起不了多大作用。我相信这是习惯的问题，是生活实践的问题。学生劳动的习惯，应该而且可能在各学科的学习中养成，在课外的各种活动中养成，逐渐养成，不断实践，这才能够终身以之。

正因为把学生看成瓶子，"装进些什么"的想头不召而自来。怎么"装"？一方面讲一讲，一方面听一听，在一讲一听之间，东西就装进了瓶子。东西既然装进了瓶子，瓶子里既然装进了东西，不是立刻会起作用吗？这诚然是个好意的愿望，可惜这样的愿望不免要落空。

瓶子是装东西的，当然不会独立思考。我们且不要责备学生不怎么善于独立思考，先得反省反省，我们的"瓶子观点"是不是学生不怎么善于独立思考的原因之一。

瓶子是装东西的，东西装在瓶子里，东西自东西，瓶子自瓶子，不起什么混合作用或是化合作用。两种作用都不起，还有什么旁的作用呢？于是巴望起作用的愿望落空。

我们有个好传统，求知识做学问要讲"躬行实践"，要讲"有诸己"。知识学问不是装饰品，为了充实生活，为了做社会里一个有意义的人，为了社会的进步和发展，所以我们要求知识做学问。小学生中学生学的东西虽然浅，道理也一样。因此，什么东西都不能装了进去就算，装了进去考试能得五分也未必就好，必须使所学的东西融化在学生的思想、感情、行动里，学生的思想、感情、行动确实受到所学的东西的影响，才算真正有了成效。这不是"装"的办法所能做到的，这必须用名副其实的教育。讲一讲，听一听，固然也有必要，可是一讲一听不就等于教育。运用种种方法，使学生能够把所学的东西化为自身的东西（这就是"有诸己"），能够"躬行实践"，才是名副其实的教育。我们现在有"学以致用""联系实际"的说法，就是从我们的好传统来的。"瓶子观点"跟这些说法不对头，换句话说，名副其实的教育不是这么一回事，可是"瓶子观点"时时的露脸，很活跃似的，不免杞忧，于是写这篇短文。

1957 年 5 月 24 日

7. 吕叔湘先生说的比喻

受教育的人的确跟种子一样，全都是有生命的，能自己发育自己成长的；给他们充分的合适的条件，他们就能成为有用之才。

最近听吕叔湘先生说了个比喻，他说教育的性质类似农业，而绝对不像工业。工业是把原料按照规定的工序，制造成为符合设计的产品。农业可不是这样。农业是把种子种到地里，给它充分的合适的条件，如水、阳光、空气、肥料等等，让它自己发芽生长，自己开花结果，来满足人们的需要。

吕先生这个比喻说得好极了，办教育的确跟种庄稼相仿。受教育的人的确跟种子一样，全都是有生命的，能自己发育自己成长的；给他们充分的合适的条件，他们就能成为有用之才。所谓办教育，最主要的就是给受教育者提供充分的合适条件。

办教育决不类似办工业，因为受教育的人绝对不是工业原料。唯有没有生命的工业原料可以随你怎么制造，有生命的可不成。记得半个世纪以前，丰子恺先生画过一幅漫画，标题是《教育》。他画一个做泥人的师傅，一本正经地把一个个泥团往模子里按，模子里脱出来的泥人个个一模一样。我现在想起那幅漫画，因为做泥人虽然非常简单，也算得上工业；原料是泥团，往模子里一按就成了产品——预先设计好的泥人。可是受教育的人决非没有生命的泥团，谁要是像那个师傅一样只管把他们往模子里按，他的失败是肯定无疑的。

但是比喻究竟是比喻，把办教育跟种庄稼相比，有相同也有不相同。相同的是工作的对象都有生命，都能自己成长，都有自己成长的规律。不同的是办教育比种庄稼复杂得多。种庄稼只要满足庄稼生理上生长的需要就成，办教育还得给受教育者提供陶冶品德、启迪智慧、锻炼能力的种种条件，让他们能动地利用这些条件，在德智体各方面逐步发展成长，成为合格的建设社会主义的人才。

对受教育者提供充分的合适的条件，让他们各自发挥能动作用，当然比把他们往模子里按难得多。但是既然要办教育，就不怕什么难，就必得把这副难的担子挑起来。

1983 年 1 月 6 日

（本辑文章选自《叶圣陶教育文集》，人民教育出版社，1994 年 8 月版）

再版后记

　　《教育照亮未来——民国八大教育家经典文选》在华东师大出版社的 10 年版权到期了，现在由福建教育出版社易名再版，以进入他们的"教育名篇精选"系列，有点欣喜，也有点落寞。

　　在"大夏书系"10 年 10 印，且于出版当年获得《中国教育报》2013 年度"教师喜爱的 100 本书"等荣誉称号，颇有点出乎意料。当初，编这本书的初衷，首先是为了本职工作。在叶圣陶教育思想纵向研究取得一些成绩获得一些进展之后，我产生了把叶圣陶放在同时代人中间作横向比较，以进一步寻找叶圣陶教育思想历史方位的想法，于是有了这本文选读本。出版后广大读者给予的信任，对我的这一尝试是一个鼓舞和激励。除本书外，我还编了《什么是我们的母语——民国三大家论语文教育》，把作为语文教育家的叶圣陶和夏丏尊、朱自清放在一起比较，也是采用和本书同样的思路。比较，不是要分出孰高孰低，而是要形成"互文性"——是的，就是借用修辞学的"互文"——从不同侧面让比较对象相互映衬、相互烘托、相互参照、相互诠释，从而让读者更加全面完整地看清那一时代的精神风貌，和那一批教育仁人的思想、理想、情怀和实践。

　　其次，选编本书也与当时的社会氛围有关。进入新世纪初叶，一股强劲的"民国风"在社会兴起，令我感受到一种新鲜活力的存在。我的这一感受在本书导言中，有着明显的印记。记得曾有一位刊物主编专门找到我，为他们刊物的"名师"栏目向我约稿，还特别对我说，正是因为看到了这篇导言才约我的。我对这篇导言也比较满意，它的确表达了我对教育一直想说而没有机缘说出的话。"情以物迁，辞以情发"，说实话，如果放在十年后的今天，我可能写不出那些富有激情而又不乏理性的文字。真实的民国，是危机四伏的岁月，国家贫弱，百姓困苦，但那也是一个自由开放、活力迸发的革故鼎新时代，是思想文化领域大师辈出的时代，本书所选的八位民国教育家就是这些思想大师群体的一个缩影。在他们身上，集中代表了那个时代教育思想乃至整个社会思潮所达到的深度和高度。当然，限于编选题旨，还有许多教育大家只能忍痛割爱，譬如鲁迅、陈独秀，譬如蒋梦麟、傅斯年、罗家伦、梅贻琦等等。这个遗憾，后来在我和朋友合编的《教出活泼泼的人——民国名家教育演讲录》一书中，多少得到了一些弥补。当然，这也还是只能代表民国教育思想的一个部分。那是一个群星璀璨的时代。为什么？因为那是一个时代的结束，也是一个时代的新生。文明的交替，有血与火的呼啸，也有思想的彷徨与呐喊，有如春秋战国，烽火连天与百家争鸣这两幅完全不同的图景竟同时存在。历史主义和伦理主义的二律背反就是如此，吊诡而又无可避免。

英国哲学家克罗齐有句名言，"一切历史都是当代史"；科林伍德则进一步提出，"一切历史都是思想史"。那么，前些年的"民国热"意义何在？也许，意义就在于思想，在于这些思想的当代价值。今天的教育和百年以前已不可同日而语，但是，如果从社会转型的悠远时空考察，却不难发现：我们仍处于同一个现代化发展进程之中，历史的三峡风浪依旧，我们的教育不可避免仍面临着一些共同的话题、问题乃至难题。因此，那些越过世纪风云破空而来的智者声音，在当时可谓振聋发聩，在今日仍然发人深思。何况，教育原本就有许多稳定不变的话题，尤其是基础教育。我曾多次说过，基础教育具有一定的保守性，这是由它的基础属性决定的。世界上各种不同风格的建筑可谓争奇斗艳、斑斓多姿，可曾见过它们赖以屹立的"基础"有多少不同？从这个意义上说，不同时代积淀下来的教育智慧，又都有永恒价值。埃德加·莫兰在《教育为人生：变革教育宣言》中呼吁关注教育中的"不确定性"，人们也常说今天已进入一个"不确定"年代，但其实"不确定"的是时代变迁，教育，尤其是基础教育中的许多规律是确定的，并不需要翻来覆去地反复折腾；而书中这些教育家的思想光芒，正是反映了那些"确定的"规律而被人们誉为经典的东西。

教育是指向未来的。教育，可以照亮未来；好的教育，才能照亮未来。

值此本书荣幸进入"梦山书系"之际，再次感谢福建教育出版社，感谢责编林云鹏老师的辛勤劳作和信任。

是为记。

2023 年 8 月

于江苏省叶圣陶教育思想研究所